高等职业教育"十二五"创新型精品规划教材·汽车类

汽车整车结构认知

主　编　王秋梅　鲁言超　祝政杰
副主编　赵玉田　高振传　韩　鑫
参　编　王永浩　王　毅　李臣华　胡福祥
主　审　胡祥卫

北京理工大学出版社
BEIJING INSTITUTE OF TECHNOLOGY PRESS

内 容 简 介

本书通过典型工作过程的分析，结合实践应用，系统阐述了汽车维修安全操作、汽车维修及一体化教学现场管理常识、汽车常用维修工具及检测设备的使用、汽车发动机结构组成与认知、汽车底盘结构组成与认知、汽车电子与电器系统结构组成与认知、汽车车身结构组成与认知。

《汽车整车结构认知》内容新颖全面、图文并茂、通俗易懂、易学好教。

本书可作职业院校汽车专业的教材，也可作为各类汽车从业人员的业务参考书和培训教材。

版权专有　侵权必究

图书在版编目（CIP）数据

汽车整车结构认知 / 王秋梅，鲁言超，祝政杰主编 .—北京：北京理工大学出版社，2019.8重印

ISBN 978 - 7 - 5640 - 9660 - 1

Ⅰ. ①汽… Ⅱ. ①王… ②鲁… ③祝… Ⅲ. ①汽车-结构-高等学校-教材 Ⅳ. ①U463

中国版本图书馆 CIP 数据核字（2014）第 197581 号

出版发行 / 北京理工大学出版社有限责任公司	
社　　址 / 北京市海淀区中关村南大街 5 号	
邮　　编 / 100081	
电　　话 /（010）68914775（总编室）	
82562903（教材售后服务热线）	
68948351（其他图书服务热线）	
网　　址 / http：// www. bitpress. com. cn	
经　　销 / 全国各地新华书店	
印　　刷 / 唐山富达印务有限公司	
开　　本 / 787 毫米 × 1092 毫米　1/16	
印　　张 / 12	责任编辑 / 张慧峰
字　　数 / 282 千字	文案编辑 / 多海鹏
版　　次 / 2019 年 8 月第 1 版第 9 次印刷	责任校对 / 周瑞红
定　　价 / 33.00 元	责任印制 / 马振武

图书出现印装质量问题，请拨打售后服务热线，本社负责调换

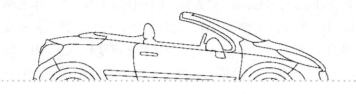 

前言
PREFACE

"汽车整车结构认知"是汽车运用与维修专业的一门实践性很强的专业基础课。本书实用性强,融入了职业院校汽车运用与维修专业一体化改革的成果,结合了当前汽车维修行业的生产实际,且具有较强的针对性。本书较好地贯彻了素质教育的思想,力求体现以人为本的现代理念,并从汽车维修行业岗位群的知识和技能要求出发,结合学生创新能力的培养、职业道德方面的要求,提出教学目标并组织教学内容。

《汽车整车结构认知》一书的工作页源于典型工作任务中的学习任务,通过体系化的引导问题,指导学生在完整的行动中进行理论实践一体化的学习,并在培养学生专业能力的同时,帮助学生学习工作过程知识,促进关键能力和综合素质的提高,实现工学一体化教学目标。

本书所整理、编辑的学习项目均来自于汽车维修企业一线维修案例,学习项目的设置遵循分析与检查、方案制定、方案实施、完工检验、成果展示与交流的形式,引导学生形成工作的逻辑思路,增进对汽车维修的感性认知。这些学习项目中所使用的工作页将学习与工作紧密结合,通过工作实现学习为宗旨,促进学习过程的系统化,使教学内容更贴近企业生产实际。本书突出了工作页对学生实操过程的指导作用,并将工作过程的关键步骤具体标明,以达到只要学生依据工作页便可基本独立完成整个工作过程操作的效果。学生从初步制订工作计划,大致确定所需的工作用具及维修资料,直到整个工作任务的所有操作与分析诊断环节,在本书的工作页中皆有体现,其中相关项目完成后实操场地的整理和清洁,逐步按照质量管理的 7S 管理理念——整理、整顿、清洁、清扫、素养、安全及节约的标准规范执行。在学习工作过程中,学生记录、填写的所有内容都应该是从实际操作中获取的数据、相关诊断分析思路及其总结,既有个人的自我总结,也有小组的相互点评;评价方式有写的也有说的,评价形式多样,全面考查学生的综合能力。课后的评价是让学生总结自己在完成本工作任务之后获得了哪些收获、掌握了哪些技能、有哪些体会及经验教训、是否达到了预先制定的工作目标。这样,可以让学生养成事后总结的习惯,有利于锻炼和提高学生的写作水平及展示能力。

《汽车整车结构认知》以项目教学为主线,以基于工作过程和工作活动为目标的行动导向典型任务学习方法进行设计,整个学习领域由八个学习项目组成。项目一建议学时 2 学时，项目二建议学时4学时，项目三建议学时4学时，项目四建议学时4学时，项目五建议学时8学时，项目六建议学时8学时，项目七建议学时4学时，项目八建议学时2学时，共计36学时。

本书由王秋梅、鲁言超、祝政杰任主编，赵玉田、高振传、韩鑫任副主编，参与本书编写的人员还有王永浩、王毅、李臣华。编写分工如下：鲁言超负责项目一和项目二，祝政杰、王毅负责项目三，高振传、韩鑫负责项目四，王秋梅负责项目五和项目七，赵玉田、胡福祥负责项目六，王永浩、李臣华负责项目八。胡祥卫负责全书内容的整合修改与审查工作。

由于编者能力和水平有限，书中难免存在不妥乃至错误之处，敬请广大读者提出宝贵意见，在此深表感谢。

编 者

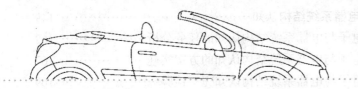

目录 CONTENTS

项目一　汽车初步认知 ····· 001
 工作任务1　汽车初步认知的任务分析 ····· 011
 工作任务2　汽车初步认知的方案实施 ····· 013
 工作任务3　汽车初步认知完工检验 ····· 017
 项目一　练习题 ····· 017

项目二　汽车维修安全作业 ····· 019
 工作任务1　汽车维修安全作业的任务分析 ····· 034
 工作任务2　汽车维修安全作业的方案实施 ····· 042
 工作任务3　汽车维修安全作业完工检验 ····· 046
 项目二　练习题 ····· 046

项目三　常用工、量具的使用 ····· 048
 工作任务1　常用工、量具使用的任务分析 ····· 068
 工作任务2　常用工、量具的使用方案实施 ····· 073
 工作任务3　常用工、量具的使用完工检验 ····· 075
 项目三　练习题 ····· 076

项目四　汽车维修常用设备和基本检测仪器使用 ····· 078
 工作任务1　汽车维修常用设备和基本检测仪器使用的任务分析 ····· 088
 工作任务2　汽车维修常用设备和基本检测仪器使用的方案实施 ····· 092
 工作任务3　汽车维修常用设备和基本检测仪器使用的完工检验 ····· 094
 项目四　练习题 ····· 095

项目五　汽车发动机构造认知 ····· 097
 工作任务1　汽车发动机构造认知的任务分析 ····· 112
 工作任务2　汽车发动机构造认知的方案实施 ····· 117
 工作任务3　汽车发动机构造认知完工检验 ····· 119
 项目五　练习题 ····· 119

项目六　汽车底盘系统结构认知 ····· 121
 工作任务1　汽车底盘系统结构认知的任务分析 ····· 138
 工作任务2　汽车底盘系统结构认知的方案实施 ····· 143
 工作任务3　汽车底盘系统结构认知完工检验 ····· 147
 项目六　练习题 ····· 147

项目七　汽车电子与电器系统结构认知 149
工作任务1　汽车电子与电器系统结构认知的任务分析 162
工作任务2　汽车电子与电器系统结构认知的方案实施 167
工作任务3　汽车电子与电器系统结构认知完工检验 169
项目七　练习题 169

项目八　汽车车身结构的认知 171
工作任务1　汽车车身结构认知的任务分析 177
工作任务2　汽车车身结构认知的方案实施 181
工作任务3　汽车车身结构的认知完工检验 183
项目八　练习题 183

参考文献 185

项目一

汽车初步认知

班级：_____ 姓名：_____ 学号：_____ 工号：_____ 日期：_____ 测评等级：_____

工作任务	汽车初步认知	教学模式	任务驱动和行动导向
建议学时	2学时	教学地点	一体化实训室
任务描述	填写接车单中车辆识别代码，并知道车辆识别代码的含义。了解汽车发展的历史		
学习目标	1. 会用网络检索汽车发展信息； 2. 能正确识别 VIN 码的位置与意义； 3. 能正确说出汽车的结构组成； 4. 能够主动获取信息，展示学习成果，对工作过程进行总结与反思，与他人进行有效沟通，团结协作		
学习准备	1. 设备器材 每组配套：北京现代悦动轿车，安全生产手册，手套，工作服，灭火器，维修手册，防护三件套，车身挡块，网络资源。 2. 分七组		

小组人员岗位分配表（由组长分配）

工作岗位	时段一 ____年____月____日 ____时____分至____时____分	时段二 ____年____月____日 ____时____分至____时____分
主修人员（1人）		
辅修人员（1人）		
工具管理（1人）		
零件摆放（1人）		
安全监督（1人）		
质量检验（1人）		
7S 监督（2~4人）		

一、汽车对社会经济的影响

汽车诞生至今已有100多年,发展迅速,影响深远。英文中的"汽车"——"Automobile"是由"Auto(自己)"和"Mobile(会动的)"构成的,意思是自己会动的,即自动车。最早的汽车都是以汽油燃料为主,1898年,法国人狄塞尔(Deisel)研制出柴油内燃机后,使得汽油机作为车辆发动机的主导地位受到影响。同年,美国人阿尔道夫·布什成功地制造出了世界上第一辆柴油汽车。柴油汽车的出现,拓宽了人们开发汽车用燃料的途径。随着汽车制造业的发展和科学技术的进步,科学家们又研制出了以天然气、煤气、甲醇为燃料和以电能、太阳能为动力的汽车。这些以不同燃料和以不同形式能量为动力的汽车的研制成功,打破了过去人们一直认为汽车就是以汽油为燃料这一概念的框架,也打破了汽车以"内燃机"为动力源的观点。

汽车是一种综合性强、技术含量高、批量大的产品,它在国民经济、国防建设和人民生活等方面起着十分重要的作用。汽车的制造和应用是衡量一个国家发达水平的重要标志,许多国家把汽车工业作为国民经济的支柱产业。同时,汽车对人类文明也有着重要的影响,汽车改变了社会形态和人们的生活,影响着人们的学习、工作乃至生活观念和生活方式。

1. 汽车工业的发展优化了交通结构

作为交通工具,汽车具有广泛的普遍性和高度的灵活性。汽车是重要的交通工具之一,承担着十分广泛的运输任务,而且其运输地位居各种交通工具之首。汽车是数量最多、最普及的交通工具,也是最灵活方便的交通工具之一。

2. 汽车工业的发展促进了社会经济的发展

20世纪20年代美国经济的兴起,20世纪50年代联邦德国、意大利、法国经济的快速发展,20世纪60年代日本经济的繁荣,都是以汽车工业的高速增长为前提。汽车行业已经成为一些国家经济的支柱产业。从我国近年来的发展来看,汽车工业在制造业和GDP中所占的比重也越来越大。据2005年初步统计,我国汽车保有量为1.37亿辆,已成为世界最大的生产和消费汽车的国家,汽车化率40辆/千人。我国汽车市场潜力巨大,汽车工业增加值占GDP比重的2.56%,已成为国民经济支柱产业;汽车工业总产值20 000亿元,汽车行业拥有国有规模及以上企业6 315家,从业人员216万人,总资产11 631亿元。

汽车工业的发展,为人们提供了大量的工作岗位,主要汽车生产国汽车工业和相关产业提供的就业机会,约占全国总就业机会的10%。据初步估计,从事汽车工业人数与相关产业就业人数之比为1∶11,生产汽车人数与销售、使用汽车人数比为1∶3.8。

3. 汽车工业的发展带动了相关产业的发展

汽车工业对相关产业的影响,不仅表现在生产过程中,也表现在使用过程中。它涉及原材料工业、设备制造业、配套产品业、公路建设业、能源工业、销售业、服务业和交通运输业等34个行业,波及范围大。在美国,汽车工业消耗的原材料中,橡胶占全国橡胶销量的10%,钢铁占全国钢铁销量的20%。我国的汽车工业在国民经济中占据重要地位,汽车工业产值的增长可推动相关产业的产值增长3~5倍。

4. 汽车产业推动了科学技术的发展

现代汽车采用了大量的新材料和新结构，特别是应用现代电子技术进行控制操纵，大大地提高了汽车的性能。开发汽车的过程，需要集中一大批优秀的科技人才，开展上千项研究工作，并应用最先进的理论、最精确的计算技术、最现代化的设计方法和最完善的测试手段；制造汽车的过程应用了冶炼、铸造、锻压、机械加工、焊接、装配、涂装等领域许多最新工艺技术成果，在工厂中采用数以百计的自动化生产线并且应用了科学的生产管理手段。所以汽车是一种高科技产品，体现出了一个社会科学技术的水平，即汽车工业的发展促进了科学技术的繁荣。

二、汽车对人类生活的影响

汽车的发展不仅对社会经济产生了巨大作用，而且给人类的生活也带来了重要的影响。

1. 汽车对人类生活的有利影响

汽车发展明显地改变了人们的生活方式，使人们的生活空间更加广阔、交流更加便利、生活半径增大，同时在一定程度上影响了人们的思维方式，使人们心情愉快、工作效率提高。

汽车给人类生活带来的一些便利如下：

（1）汽车让人们的出行时间、方式和质量发生改变。汽车能随时停留、任意选择目的地，人们的活动范围从点扩大到面，提高了生活品质，增大了人们的生活半径。

（2）汽车可以到达许多其他交通工具所不能到达的地方，同时也是其他交通方式的有效补充和连接。

2. 汽车对人类生活的不利影响

汽车的产生对人类的影响是多元化的综合效应，在带给人类便利的同时也给人类的生活带来了种种问题，这些问题集中表现在三个方面：能源、交通和污染。

（1）汽车产业高度消耗自然资源。制造汽车时需要消耗大量的自然资源，除了使用钢铁外，现代的汽车还需要使用能耗很高的铝材和难以回收的塑料；另外，汽车大量使用不可再生石油，全世界一半以上的石油用于运输，而其中1/3的燃油被用于驱动汽车的内燃机。

（2）汽车运行交通拥挤，交通事故频发。汽车引起的交通事故是当今世界上导致人类死伤人数最多的原因之一，每年约有数百万人遭受车祸的伤害；同时大量的汽车会造成交通拥挤，车辆的停放也日益压缩着人们的生活空间。

（3）汽车的产生和使用导致环境污染。汽车排放的尾气对城市大气污染非常严重，使有些城市中的空气不适宜呼吸，以致儿童和老人有时呼吸困难；由尾气引发的光化学烟雾是世界上许多大城市共同面临的难题；另外，汽车还会在城市市区产生噪声污染，使人精神分散，危害健康。

三、世界汽车发展概况

汽车诞生已有100多年，从卡尔·本茨制造出的第一辆18 km/h三轮汽车以来，到现在从速度为零加速到100 km/h只需要三秒多一点的超级跑车，汽车工业发展迅速。同时，汽车工业也造就了多位汽车名人，他们一手创建了通用、福特、丰田、本田等一些在各国经济中占有重要地位的著名公司。

1. 第一辆汽车产生

1879年,德国工程师卡尔·苯茨(Kart Benz)首次试验成功一台二冲程试验性发动机;1883年10月,他创立了"苯茨公司和莱茵煤气发动机厂";1885年,他在曼海姆制成了第一辆苯茨专利机动车,该车为三轮汽车,采用一台两冲程单缸0.9马力的汽油机,此车具备了现代汽车的一些基本特点,如火花点火、水冷循环、钢管车架、钢板弹簧悬架、后轮驱动、前轮转向和制动手把等。1887年,卡尔·苯茨把三轮汽车卖给了一个法国人,由于这种三轮汽车设计可靠、选材和制造精细,故受到了好评,销路日广。

1883年与威廉·迈巴特合作制成第一台高速汽油试验性发动机的德国人戴姆勒(Daimler)在迈巴特的协助下,于1886年在巴特坎施塔特制成了世界上第一辆"无马之车"。该车是在买来的一辆四轮"美国马车"上装用他们制造的功率为1.1马力、转速为650r/min的发动机后,以18 km/h的速度从斯图加特驶向康斯塔特,世界上第一辆汽油发动机驱动的四轮汽车就此产生。实际使用表明,此车使用良好。

由于上述原因,人们一般都把1886年作为汽车元年,也有些学者把卡尔·苯茨制成第一辆三轮汽车之年(1885)视为汽车诞生年。苯茨和戴姆勒则被尊为汽车工业的鼻祖,这是汽车发展史上的第二件大事。

2. 汽车生产工业的发展

进入20世纪以后,汽车生产已经普及,亨利·福特(Henry Ford)在1908年10月开始出售著名的"T"型车,这种车产量增长迅猛,19年时间共生产了1 500辆。1913年,福特汽车公司首次推出了流水装配线的大量作业方式,使汽车成本大跌,价格下降,并开始逐渐成为大众化的商品。由此开始,美国汽车快速崛起,福特公司也因此成为名副其实的汽车王国。所以汽车发明于欧洲,获得大发展是在21世纪30年代的美国。福特采用流水作业生产汽车,在汽车发展史上树起了第三块里程碑。

短短几年时间,汽车已经从一种试验性的发明转变为关联产业最广、工业技术波及效果最大的综合性产业。因此,汽车工业的发展不仅依赖于汽车行业本身的技术进步,而且也取决于汽车工业应用这些技术的投资能力和世界汽车市场的投放容量,两者相互影响并受到整个经济形势的发展、人们对环境要求与能源和原材料供应、意外变化及国家政策等的影响。

3. 现在汽车发展

许多汽车公司把各种先进技术和装备应用在汽车上,如微型电子计算机、无线电通信、卫星导航等新技术、新设备、新方法和新材料广泛应用于汽车工业中,汽车正在走向自动化和电子化。另外汽车的能耗及废气、噪声和污染排放等也在日益减少,安全性、使用方便性将日益提高。

四、我国汽车发展概况

1950年,毛泽东主席访问苏联,中苏双方商定,由苏联全面援助中国建设第一个载重汽车厂。经过一年多的调查研究,1951年,第一汽车制造厂的厂址设在吉林长春市郊。

1956年,被毛主席命名为"解放"牌的第一批国产汽车试制成功。长春一汽生产的"解放"牌汽车是以苏联生产的吉斯150型汽车为范本,并根据中国的实际情况,改进部分结构而设计和制造出来的。

1959年,"红旗"轿车正式定型投产,生产型号CA72,为双排座式,这是我国有编号的第一辆真正的红旗牌高级轿车。

1969年,中国研制出第一辆上海SH380货车。

1980年,丰田在北京设立首家汽车维修服务中心。同年10月,丰田在北京设立了代表处,成为最早在中国设立代表处的国外汽车厂商之一。

1984年,上海大众合资合同在北京人民大会堂签署,国内第一个轿车合资企业诞生。

2009年,随着美国经济陷入衰退,美国的汽车销量大幅下滑,但中国的汽车市场产销量迅速增长。2009年年初,中国成为全球最大的汽车市场。

2013年,中国当年的汽车销量超过2 000万辆,国内厂商所占的市场份额从两年前的26%上升到了30%。尽管政府实施的交通管控措施将对汽车销量产生一定的影响,但今后中国的汽车销量仍会保持在5%~9%的增幅。

五、汽车车级的分类

车级通常以排量、车轴前后距离及售价等相关的重要技术参数作为基准进行分类。

1. 中国汽车车级分类

(1) 我国汽车按排量标准不同划分为:微型轿车(排量为1L以下)、普通级轿车(排量为1.0~1.6 L)、中级轿车(排量为1.6~2.5 L)、中高级轿车(排量为2.5~4.0 L)和高级轿车(排量为4 L以上)。

(2) 我国汽车按车型不同主要有载货汽车、越野汽车、自卸汽车、牵引车、专用汽车、客车、轿车和半挂车等几种类型。

①载货车主要是微型货车、轻型货车、中型货车和重型货车。

②越野汽车主要是轻型越野车、中型越野车、重型越野车和超重型越野车。

③自卸汽车主要是轻型自卸车、中型自卸车、重型自卸车和矿用自卸车。

④专用汽车主要是厢式汽车、罐式汽车、起重举升车、仓栅式车、特种结构车和专用自卸车。

⑤牵引车主要是半挂牵引车和全挂牵引车。

⑥半挂车主要是轻型半挂车、中型半挂车、重型半挂车和超重型半挂车。

⑥客车主要是微型客车、轻型客车、中型客车、大型客车和特大型客车。

⑧轿车主要是微型轿车、普通级轿车、中级轿车、中高级轿车和高级轿车。

2. 欧洲汽车车级分类

欧洲车系分类:德国大众是欧洲最大的汽车制造商,也是较早进入中国轿车市场的企业,它的轿车分类法无疑具有代表性。德国轿车分为A、B、C、D级,其中A级车又可分为A00和A0级车,相当于我国的微型轿车和普通级轿车,B级和C级车分别相当于我国的中级轿车和中高级轿车;D级车相当于我国高档轿车,该级别车的轴距越长,排量和重量越大,轿车的豪华程度也越高。汽车车尾的字母G、GL、GLS等,没有厂家的技术解释,但大家都统一理解为G为基本型、GL为豪华型、GLS为顶级车。欧洲汽车车级分类见表1-1。

表 1-1　欧洲汽车车级分类

级别	轴距/m	排量/L	车型
A00 级	2~2.2	<1	奥拓
A0 级	2.2~2.3	1~1.3	两厢夏利
A 级	2.3~2.45	1.3~1.6	一汽大众的捷达、上海大众的 POLO
B 级	2.45~2.6	1.6~2.4	奥迪 A4、帕萨特、中华、东方之子等
C 级	2.6~2.8	2.3~3.0	奥迪 A6
D 级	>2.8	>3.0	奔驰 S 系列、宝马 7 系、奥迪 A8 和劳斯莱斯、宾利等

当然，随着车型的增加以及价格、款式、配置选择越来越多样化，A 级、B 级、C 级车的边缘交会也会越来越多。例如，有些车型或许轴距属于 A 级车范围，而排量与价格却与 B 级车相差无几。

3. 美洲汽车车级分类

美洲车系分类：对美系分类标准，可从通用汽车公司的分类中略见一斑。通用公司一般将轿车分为 6 级，它是综合考虑了车型尺寸、排量、装备和售价之后得出的分类。它的 Mini 相当于我国的微型轿车；我国的普通型轿车在通用分类中可找到两个级别，即 Small 和 LowMed；各国只对中级轿车的分类标准比较一致，中级轿车即 Interm（B 级）；中高级轿车即 Upp-med，在我国相当于近几年涌现最多、销售最畅的奥迪、别克、雅阁等新型车；高级轿车相对应的是 Large/Lux 级别。

六、我国汽车的编号规则

1. 车辆识别代号的组成

车辆识别代号（VIN）按 GB16735 规定由三部分、共十七位字码位数组成，不能出现空位，如图 1-1 所示。其中，第一部分：车辆识别代码 1~3 位，表示世界制造厂识别代号（WMI）；第二部分：车辆识别代码 4~9 位，表示车辆说明部分（VDS）；第三部分：车辆识别代码 10~17 位，表示车辆指示部分（VIS）。

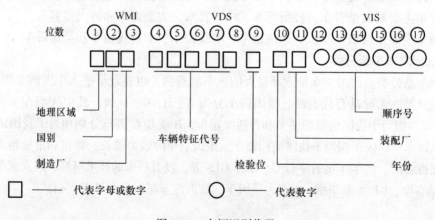

图 1-1　车辆识别代码

2. 车辆识别代码第一部分

世界制造厂识别代号（WMI）按 GB16737 规定，由三位数组成，该代号须经过申请、批准和备案，如江淮公司代号为 LJ1，适用于本公司所生产的载货车、非完整车辆、客车、乘用车、牵引车、特种车辆，见表 1-2。

表 1-2　江淮公司代码

代码	制造厂名称	适应车辆类型
LJ1	安徽江淮汽车股份有限公司	载货车、非完整车辆、客车、乘用车、牵引车、特种车辆

3. 车辆识别代码第二部分

车辆说明部分代号（VDS）按 GB16735 规定，由六位数组成，可以充分反映一种车辆类型的基本特征。

VDS 的构成（见图 1-2）。

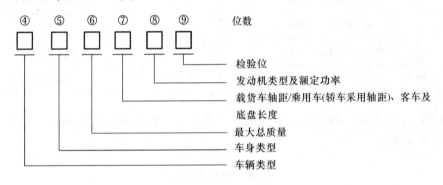

图 1-2　VDS 的构成

（1）第 4 位字码——车辆类型，见表 1-3。

表 1-3　车辆类型代码

代码	车辆类型	代码	车辆类型	代码	车辆类型
0	低速货车	3	自卸汽车及二类底盘	9	搅拌汽车及二类底盘
1	载货汽车及二类底盘	6	客车及三类底盘		
2	乘用车	8	牵引汽车		

（2）第 5 位字码——车身类型，见表 1-4。

表 1-4　车身类型代码

代码	车身类型	代码	车身类型
K	单排座驾驶室	C	中置发动机客车及三类底盘
R	一排半座（带卧铺）驾驶室	E	两厢四门乘用车
P	双排座驾驶室	F	三厢四门乘用车
A	前置发动机客车及三类底盘	G	两厢五门乘用车
B	后置发动机客车及三类底盘		

(3) 第6位字码——最大总质量(kg),见表1-5。

表1-5 最大总质量代码　　　　　　　　　　　　　　　　　　　　　　　kg

代码	最大总质量	代码	最大总质量
K	1 000~2 000	V	11 500~12 500
A	2 000~3 500	X	12 500~13 500
B	3 500~4 500	9	13 500~16 500
C	4 500~5 500	2	16 500~18 500
D	5 500~6 500	3	18 500~20 500
E	6 500~7 500	4	20 500~25 500
F	7 500~8 500	5	25 500~30 500
R	8 500~9 500	6	30 500~35 500
T	9 500~105 00	7	35 500~40 000
U	10 500~11 500	8	>40 000

(4) 第7位字码——载货车轴距(mm)/乘用车(轿车采用轴距mm)、客车及底盘长度(m),见表1-6。

表1-6 轴距及长度代码

代码	载货车轴距/mm	代码	轿车轴距/mm	代码	乘用车(轿车除外)、客车及客车底盘长度/m
A	2 000~3 000	P	2 000~2 390	1	3~4
B	3 000~4 000	R	2 390~2 600	2	4~5
C	4 000~5 000	S	2 600~2 710	3	5~6
D	5 000~6 000	T	2 710~2 800	4	6~7
E	6 000~7 000	U	>2 800	5	7~10
F	7 000~8 000			6	10~12
G	>8 000			7	>12

注:(1) 多于二轴的汽车,轴距为最前轴至最后轴之间的距离。
(2) 载货车包括牵引汽车、搅拌汽车、普通货车、低速货车、自卸汽车、厢式汽车、其他类型专用车及特种车辆。

(5) 第8位字码——发动机类型及额定功率 (kW), 见表1-7。

表1-7 发动机类型及额定功率代码　　　　　　　　　　　　　　kW

代码	发动机类型	额定功率	代码	发动机类型	额定功率
A	柴油	≤30	1	汽油	≤70
B	柴油	30~60	2	汽油	70~90
C	柴油	60~90	3	汽油	90~110
D	柴油	90~115	4	汽油	110~130
E	柴油	115~135	5	汽油	>130
F	柴油	135~165	6	其他燃料	≤100
G	柴油	165~195	7	其他燃料	100~120
H	柴油	195~230	8	其他燃料	120~140
J	柴油	230~270	9	其他燃料	>140
K	柴油	270~300			
L	柴油	>300			

(6) 第9位字码——检验位。

检验位位于VDS的编码的第9位,可为0~9中任一数字或字母"X",其作用是核对VIN记录的准确性。在确定了VIN的其他十六位字码后,检验位应由以下方法计算得出。

①VIN中的数字和字母对应值见表1-8和表1-9。

表1-8 VIN中的数字对应值

VIN中的数字	0	1	2	3	4	5	6	7	8	9
对应值	0	1	2	3	4	5	6	7	8	9

表1-9 VIN中的字母对应值

VIN中的字母	A	B	C	D	E	F	G	H	J	K	L	M	N	P	R	S	T	U	V	W	X	Y	Z
对应值	1	2	3	4	5	6	7	8	1	2	3	4	5	7	9	2	3	4	5	6	7	8	9

②VIN中的每一位指定的加权系数见表1-10。

表1-10 加权系数值

位置	①	②	③	④	⑤	⑥	⑦	⑧	⑨	⑩	⑪	⑫	⑬	⑭	⑮	⑯	⑰
加权系数	8	7	6	5	4	3	2	10	检验位	9	8	7	6	5	4	3	2

将检验位之外的16位每一位的加权系数乘以此位数字或字母的对应值,再将各乘积相加,求得的和除以11,除得的余数即检验位;如果余数是10,则检验位为字母"X"。

示例:2004年生产的HFC1061K型载货汽车第2521台车的VIN代码为LJ11KDFA440002521,见表1-11。

表1-11 VIN代码确定示例

VIN中的位置	1	2	3	4	5	6	7	8	9	10	11	12	13	14	15	16	17
VIN代码	L	J	1	1	K	D	F	A	4	4	0	0	0	2	5	2	1
对应值	3	1	1	1	2	4	6	1	4	4	0	1	0	2	5	2	1
加权系数	8	7	6	5	4	3	2	10		9	8	7	6	5	4	3	2
乘积总和	24+7+6+5+8+12+12+10+36+0+7+0+10+20+6+2=125															
余数	125÷11=11余4															

4. 车辆识别代码第三部分

车辆指示部分(VIS)由八位数组成,见图1-3所示。

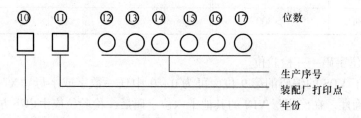

图1-3 车辆指示部分(VIS)构成

(1)第10位年份代码见表1-12。

表1-12 年份代码

年份	代码	年份	代码	年份	代码	年份	代码
2001	1	2009	9	2017	H	2025	S
2002	2	2010	A	2018	J	2026	T
2003	3	2011	B	2019	K	2027	V
2004	4	2012	C	2020	L	2028	W
2005	5	2013	D	2021	M	2029	X
2006	6	2014	E	2022	N	2030	Y
2007	7	2015	F	2023	P	2031	1
2008	8	2016	G	2024	R	2032	2

(2)第11位装配厂打印点代号见表1-13。

表1–13　装配厂打印点代号

代码	装配厂打印点	代码	装配厂打印点
1	商用车制造公司轻卡厂总装车间	8	商用车制造公司重卡厂一车间
2	商用车制造公司底盘厂一车间	9	商用车制造公司重卡厂二车间
3	商用车制造公司底盘厂二车间	A	江汽集团安徽江淮专用车有限公司
4	乘用车制造公司轿车厂总装车间	B	江汽集团安徽江淮客车有限公司
5	技术中心试制VIN打印点	C	江汽集团扬州江淮轻型车公司
6	商用车制造公司小卡厂一车间	D	客车底盘营销公司试制VIN打印点
7	乘用车制造公司商务车厂总装车间	E	客车底盘分公司装配车间

（3）第12～第17位顺序号。

表示车辆的生产序号，该编号以装配厂所生产的同一系列车型一年一编排，不足位数以"0"占位。

🏵 工作任务1　汽车初步认知的任务分析

一、工作与学习目标

（1）会用网络检索汽车发展信息。
（2）能够对汽车等级进行分类。
（3）掌握车辆识别代号的组成及含义。

二、工作过程及学习记录

1. 使用网络检索汽车发展信息的注意事项

_____
_____
_____
_____

2. 在表1–14中写出汽车发展的大事件

表1–14　汽车发展的大事件

年份	大事
1879	
1898	
1885	
1908	
1950	
1956	
1959	
1980	
1984	

3. 在表 1–15 中填写汽车 VIN 码的含义

表 1–15 汽车 VIN 码的含义

VIN 码	含义（写出汽车厂家、生产年代、产地）
LFV2A21J973026624	
1G1BL52P7TR115520	
LFMAPE2C8C041418	

4. 学完汽车初步认知之后的心得体会

_____
_____
_____
_____

三、工作效果评价

1. 自我评价

（1）通过本次学习，我学到的知识点/技能点有：_____
_____。

不理解的有：_____
_____。

（2）我认为在以下方面还需要深化学习并提升岗位能力：_____
_____。

（3）在本次工作和学习过程中，我的表现可得到：

　　　　□😎　　　　　　□🙂　　　　　　□☹️

2. 互相评价

1）综合能力测评

参阅表 1–16 评价内容说明。

2）专业能力测评

（1）"汽车历史任务"由评价人任意指定汽车历史人物，评价对象指出对应国家和相关事件，评价人填写并判断正误，给予评定。

（2）评价结果全对得 😎，错一项得 🙂，错两项或以上得 ☹️。

表1–16 任务评价表

项　目	评价内容	评价等级（学生互评）		
项　目	综合能力测评： 1. 请在对应条目的○内打"√"或"×"，不能确定的条目不填，可以在小组评价时让本组同学讨论并写出结论。 2. 评价结果全对得 😎，错一项得 🙂，错两项或以上得 ☹	😎	🙂	☹
综合能力测评项目（组内互评）	○按时到场　○工装齐备　○书、本、笔齐全			
综合能力测评项目（组内互评）	○安全操作　○责任心强　○7S管理规范			
综合能力测评项目（组内互评）	○学习积极主动　○合理使用教学资源　○主动帮助他人			
综合能力测评项目（组内互评）	○接受工作分配　○有效沟通　○高效完成工作任务			
专业能力测评项目（组间互评）	识别代码含义　第1位			
专业能力测评项目（组间互评）	识别代码含义　第8位			
小组评语及建议	他（她）做到了： 他（她）的不足： 给他（她）的建议：	组长签名： 　　　　年　月　日		
老师评语及建议		评价等级： 教师签名： 　　　　年　月　日		

工作任务2　汽车初步认知的方案实施

班级：_____　姓名：_____　学号：_____　工号：_____　日期：_____　测评等级：_____

一、工作与学习目标

（1）能够根据汽车识别代码判断生产年份。
（2）能正确处理突发事故。
（3）能够总结安全作业要领并相互评价。

二、工作过程及学习记录

1. 在表 1-17 中写出 VIN 码在车上的位置

表 1-17　VIN 码在车上的位置

2. 在图 1-4 中的矩形框内填写车辆代码各部分含义

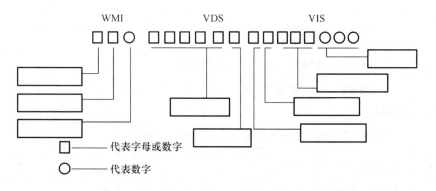

图 1-4　车辆代码各部分含义

3. 填写表 1-18 中车辆识别代码的含义

表 1-18　车辆识别代码含义

图示	生产国	生产年份	装配厂
LFVBA11J363006992			
LZAB19M15YWE23456			
LDC838W3960453127			
LFNCAGB1CE5381237			
LDC613P23A1305189			
LSGGF53W8CH066445			

4. 填写表 1-19 中车辆识别代码表示的车身类型

表 1-19 车辆识别代码车身类型

代码	车身类型	代码	车身类型	代码	车身类型
1		2		3	
4		5		6	

5. 填写表 1-20 中 VIN 码第 8 位代表的具体发动机型式

表 1-20 VIN 码第八位代表的发动机型式

代码	发动机型式	代码	发动机型式	代码	发动机型式
D		E		J	
D		H		L	
S		W		5	
S		W		7	
				9	

三、工作效果评价

1. 自我评价

（1）通过本次学习，我学到的知识点/技能点有：＿＿＿＿＿＿＿＿＿＿＿＿＿＿＿
＿＿＿＿＿＿＿＿＿＿＿＿＿＿＿＿＿＿＿＿＿＿＿＿＿＿＿＿＿＿＿＿＿＿＿＿＿。

不理解的有：＿＿＿＿＿＿＿＿＿＿＿＿＿＿＿＿＿＿＿＿＿＿＿＿＿＿＿＿＿＿＿＿。

（2）我认为在以下方面还需要深化学习并提升岗位能力：＿＿＿＿＿＿＿＿＿＿＿
＿＿＿＿＿＿＿＿＿＿＿＿＿＿＿＿＿＿＿＿＿＿＿＿＿＿＿＿＿＿＿＿＿＿＿＿＿。

（3）在本次工作和学习过程中，我的表现可得到：

　　　　□😎　　　　　□🙂　　　　　□☹️

2. 互相评价

1）综合能力测评

参阅表 1-21 评价内容说明。

2）专业能力测评

（1）"VIN 码第 8 位具体含义"由评价人任意指定个字母，评价对象指出对应标识的含义，评价人填写并判断正误，给予评定。

（2）评价结果全对得 😎，错一项得 🙂，错两项或以上得 ☹️。

表 1-21 任务评价表

项目	评价内容	评价等级（学生互评）		
项 目	综合能力测评： 1. 请在对应条目的〇内打"√"或"×"，不能确定的条目不填，可以在小组评价时让本组同学讨论并写出结论。 2. 评价结果全对得 😎，错一项得 🙂，错两项或以上得 ☹	😎	🙂	☹
综合能力测评项目（组内互评）	〇按时到场　〇工装齐备　〇书、本、笔齐全			
	〇安全操作　〇责任心强　〇7S管理规范			
	〇学习积极主动　〇合理使用教学资源　〇主动帮助他人			
	〇接受工作分配　〇有效沟通　〇高效完成工作任务			
专业能力测评项目（组间互评）	车身类型中1代表含义：			
	车身类型中2代表含义：			
小组评语及建议	他（她）做到了： 他（她）的不足： 给他（她）的建议：	组长签名： 年　月　日		
老师评语及建议		评价等级： 教师签名： 年　月　日		

知识拓展

拓号：

在汽车的发动机和车架子上都有用钢印打上的号码，就像自行车的钢号，在出厂时都有登记，主要是便于丢失查找和防止私自拆改发动机、车身，在车辆年检时，车辆管理部门（车辆科）要求将号码用纸垫在上面，用铅笔把号码拓印下来，以做留底备查。

工作任务3　汽车初步认知完工检验

一、工作与学习目标 （1）会用网络检索汽车发展信息。 （2）能够对汽车等级进行分类。 （3）掌握车辆识别代号的组成及含义。					
检验项目	检验结果			备注
	😎	😊	☹	
汽车发展史				
汽车 VIN 码的含义				
二、根据所学知识，提出学习汽车概述的合理化建议，并进行展示 -- -- --					

项目一　练习题

一、填空题

1. 汽车按驱动方式不同可分为：_____、_____和_____。
2. 汽车发展简史：_____年_____月_____日为内燃机汽车诞生日。
3. 我国汽车发展概况，1929年5月，第一辆汽车在_____问世。
4. 当代汽车工业特点：_____；性能多样化；动力多元化；产品安全化。
5. 中国在2010年成为全球汽车生产前_____名。

二、选择题

1. 世界上最早的汽车产生于（　　）。
   A. 德国　　　　B. 美国　　　　C. 英国　　　　D. 法国
2. 有汽车"心脏"之称的部件为（　　）。
   A. 传动轴　　　B. 变速器　　　C. 发动机　　　D. 仪表盘
3. 汽车的 VIN 码有（　　）位。
   A. 16　　　　　B. 17　　　　　C. 18　　　　　D. 19

4. 宝马汽车的原产国为（　　）。

　A. 英国　　　　　B. 德国　　　　　C. 美国　　　　　D. 法国

5. 具有我国第一民族品牌之称的是（　　）汽车。

　A. 红旗　　　　　B. 中华　　　　　C. 吉利　　　　　D. 奇瑞

三、判断题

1. 丰田宗一郎是"日本国产汽车之父"。（　）

2. 汽车起源于德国，发展于美国。（　）

3. 自动变速器具有操作容易、驾驶舒适、能减少驾驶员疲劳的优点。（　）

4. 在我国，拖拉机和摩托车不属于汽车的范畴。（　）

5. 汽车的出现得益于一代代汽车人的集体功劳，而不能说是哪一个人的成果，只能说某个人集合了大家的集体智慧，设计出了汽车。（　）

四、名词解析

1. VIN 码

2. 汽车

五、简答题

1. 汽车发展对人类生活的不利影响是什么？

2. 简述国外汽车发展史。

3. 简述我国汽车发展史。

项目二

汽车维修安全作业

班级：_____ 姓名：_____ 学号：_____ 工号：_____ 日期：_____ 测评等级：_____

工作任务	汽车维修安全作业	教学模式	任务驱动和行动导向
建议学时	4 学时	教学地点	一体化实训室
任务描述	参观正规汽车维修企业维修车间，老师现场提出关于工作人员各种安全防护用品的正确穿戴方式与方法，以及相关设备的安全使用注意事项。学生实施现场整顿与清扫任务		
学习目标	1. 能熟知汽车维修安全常识并以此作为行为准则； 2. 正确选用及佩戴劳动保护用品； 3. 能按照7S管理进行汽车维修作业； 4. 能够主动获取信息，展示学习成果，对工作过程进行总结与反思，与他人进行有效沟通，团结协作		
学习准备	1. 设备器材 每组配套：安全生产手册，手套，工作服，劳保鞋，灭火器，防毒面具，汽修工具，汽修设备，车辆，网络资源。 2. 分七组 小组人员岗位分配表（由组长分配）		

工作岗位	时段一 ____年____月____日 ____时____分至____时____分	时段二 ____年____月____日 ____时____分至____时____分
主修人员（1人）		
辅修人员（1人）		
工具管理（1人）		
零件摆放（1人）		
安全监督（1人）		
质量检验（1人）		
7S监督（2~4人）		

一、汽车维修车间安全常识

1. 汽车维修车间内部管理

在凌乱的工作场所,会发生因绊倒、跌倒或滑倒而导致工伤事故。所以在工作的过程中,要妥善保管所有设备、部件和汽车,以保护我们自己和工作人员不受伤害。如图 2-1 所示。

图 2-1 凌乱汽车维修工作场所导致安全事故

1)整洁汽车维修工作场所的特征

(1)地面清洁不湿滑。
(2)火警应急出口畅通。
(3)器具存取通道无障碍。
(4)工具存放安全方便。
(5)电气和压缩空气等动力输出源标记清楚明显并定期检查。
(6)加长电缆或软管在用后收好或悬吊在天花板上。
(7)工作场所灯光明亮。
(8)空气新鲜,工作环境舒适。
(9)固定设备或装置得到定期维护并处于安全状态。
(10)工作场所的所有人员均受过使用常用设备的培训,并了解安全操作规程。

2)汽车维修人员着装注意事项

(1)衣服袖口不能过于宽松,裤子不能为喇叭裤,应穿合格的工作服。
(2)不能佩戴项链、手镯、戒指等。
(3)鞋子不能为时装鞋,应该穿带有防压铁头的劳保靴,且鞋带要系紧。
(4)如果佩戴了领带则应该为解得开的领带。
(5)女士长发应盘起来并戴帽子。
(6)工作时不能佩戴手表。
(7)手帕不能垂挂在衣袋外面。
(8)使用正确的操作装置。
(9)准备工作不要仓促,应留有充足的准备时间,以保证安全。

3）汽车维修工具安全使用注意事项

许多割伤和擦伤都是由于使用损坏的手用工具或误用手用工具造成的，故应保持工具清洁完好，切勿使用已损坏的工具。

多数手用工具都需要操作者使用较大的旋转力矩，因而不管是在拉动工具、推动工具还是转身，一定要站稳，以确保工具打滑或失去控制时不会伤到操作者。

建议：

（1）一定要使用正确规格的工具进行作业。

（2）锋利的工具不用时，应保护好刃口。

（3）不要使用手柄松动的工具。

（4）不要用工具做与此工具不相应的工作。

（5）不要使用带"蘑菇头"的冲子或錾子。

（6）在使用切具时，一定要用台钳固定工件。

（7）切勿使用开裂的套筒。

（8）切勿加长工具手柄以增大杠杆作用。

（9）切勿使用电动工具来驱动"手用"套筒。

（10）不得将工具遗留在发动机罩下。

（11）要有工具清单。

4）压缩空气安全使用注意事项

许多车间都以压缩空气作为便利的动力来驱动工具。一般车间压缩空气的压力有可能超过 700 kN/m^2（约 7 kg/cm^2），这足以将空气吹透衣服进入人体血液，从而导致人死亡。建议不得使用压缩空气进行下列操作：

（1）吹掉工作台上的锉屑或铁屑。

（2）吹去衣着上的粉尘。

（3）用压缩空气喷射对方。

（4）清理部分密封的物体，如灯光设备等。

（5）清除制动装置上的粉尘。

5）防火和用电安全使用注意事项

（1）防火。

一般采取以下预防措施来防止火灾：

①熟悉灭火设备使用和放置位置。火灾警报响起，所有人员应配合扑灭火焰。

②非吸烟区不得吸烟，并且在吸烟区吸完烟后要确认将香烟熄灭在烟灰缸内，如图 2-2 所示。

图 2-2　在指定吸烟区吸烟

③不要在处于充电状态的电池附近使用明火或吸烟，且周围要清理干净，如图2-3所示。

图2-3 充电状态的电池附近注意事项

④不要在机油存储地或可燃的零件清洗剂附近使用明火。

⑤吸满汽油或机油的碎布应当被放置到带盖的金属容器内，以防止自燃，如图2-4所示。

图2-4 吸满汽油或机油的碎布应置于带盖的金属容器内

⑥除非必要，否则不得将燃油或清洗溶剂携带到车间，若必须携带时，则应使用能够密封的特制容器；

⑦不得将可燃性废机油和汽油倾倒在水沟里，以防止污水管系统产生火灾（应将这些材料倒入合适的容器内）。

⑧存在燃油泄漏故障的车辆在没有修好之前，不要启动该车辆上的发动机。修理燃油供给系统，例如拆卸化油器时，应当从蓄电池上断开负极电缆，以防止发动机被意外启动。

（2）电气设备安全措施。

不正确地使用电气设备可能导致短路和火灾，如图2-5所示。因此，要学会正确使用电气设备并认真遵守以下防护措施：

①如果发现电气设备有任何异常，则应立即关掉开关，并联系管理员或领班。

②如果电路中发生短路或火灾，则在进行灭火步骤之前应首先关掉开关，并及时向管理员或领班报告。

③若熔断丝熔断，则说明为某种电气故障，应立即向上级汇报。

④不要靠近断裂或摇晃的电线。

⑤不要用湿手接触任何电气设备。
⑥不要触摸标有"发生故障"的开关。
⑦拔下插头时,应当拉插头本身,不要拉电线(见图2-6)。

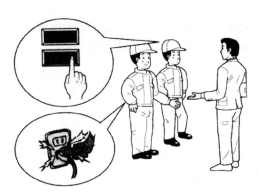

图2-5　上岗前防触电教育

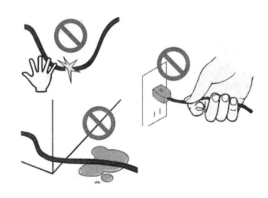

图2-6　防触电方法

⑧不要让电缆通过潮湿或浸有油的地方及炽热的表面或尖角附近。
⑨在开关、配电盘或电动机等物附近不要使用易燃物。
6)汽修作业区个人行为注意事项
工作人员有责任与义务保障自己和同事的安全,并在工作场所时刻对自己的行为负责。
(1)不要在工作场所奔跑。
(2)不要佩戴耳机等电子设备。
(3)要明察周围发生的事情。
(4)小心驾驶车辆和移动设备。
(5)安全操作机械设备。
(6)按照操作规程作业。
(7)不确定某项作业时,应征询主管意见。
(8)切勿在酒后或服药后身体状况不佳的情况下工作。

2. 汽修生产安全防护装置使用注意事项

工作人员可得到安全工作所需的任何防护装置,要做的就是正确佩戴或使用这些装置,见表2-1。

表 2-1 汽修生产安全防护装置的正确佩戴和使用

项目名称	内容	图示
头部防护装置	在停于坡道的汽车下工作时应使用头部防护装置,以防止因工具或物体掉落而受伤	
眼睛防护装置	在有飞溅火花或打磨、钻孔产生粉尘的区域工作时应使用眼睛防护装置	
耳朵防护装置	在噪声环境下工作时应使用耳朵防护装置。如果必须大声喊叫才能让 3m 以外的对方听见,则表明环境噪声过大,需要使用耳朵防护装置	
手防护装置	处理锋利或高温材料时,应使用正确类型的手套,以防止割伤或烫伤	
呼吸道防护装置	某些工作会产生粉尘或涉及使用会释放烟雾的材料,应该使用正确型式的面具,以防止吸入粉尘或烟雾	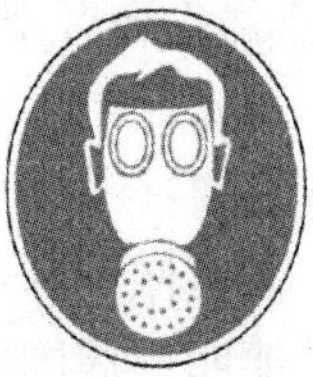
脚防护装置	劳保靴应该适合于从事的工作,鞋底应该防滑,脚趾部位应有防压铁头	

3. 物体搬运注意事项

1）人工搬运注意事项

搬抬物体时使用正确的方法可以减小背部受伤的危险。

通常人的安全搬运重量极限为 20 kg。从地面抬起物体时，两脚应分开并成 90°夹角，屈膝，背部挺直，用腿部提供力量；搬运重物时，应让重物贴近身体，如图 2-7 所示。

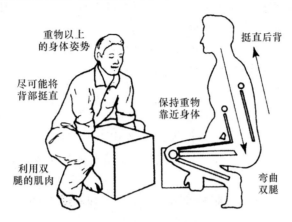

图 2-7 安全搬运物体的要点

2）举升机和起重机使用注意事项

超过 20 kg 的物体，应使用活动吊车或千斤顶等起重装置搬运。每种设备的使用都应进行专门培训，下面是使用起重设备的一般规定：

（1）切勿超过所用设备的安全工作载荷。

（2）用车桥支架支撑好汽车后方可在车下工作。

（3）切勿在无支撑、悬吊或举起的重物（如，悬吊的发动机等）下工作。

（4）在保证千斤顶、举升器、车桥支架和吊索等起重设备工作载荷范围内作业，而且状况良好并定期维护。

（5）切勿临时拼凑起重装置。

4. 材料生产作业注意事项

1）化工材料生产作业注意事项

汽车的生产和保养中有可能使用某些带有危险性的材料。下面简要介绍一些化学材料使用的注意事项。

（1）不混合、加热或火烧化工材料，除非按照制造厂商的说明进行。

（2）不在封闭并且有人作业的空间喷洒化工材料。

（3）切勿敲开容器。

（4）切勿将化工材料换盛在未作标记的容器内。

（5）切勿用化学品洗手或洗衣服。

（6）非在监控条件下已被清洗干净的空容器，切勿用其盛装其他化工材料。

（7）切勿嗅闻化工材料。

(8) 一定要仔细阅读并遵守材料容器（标签）及附带活页、告示或其他说明上的危险和预防警告。

(9) 皮肤和衣服沾染化工材料后要立即清除，并更换严重污染的衣服。

(10) 一定要制定工作规程，并准备防护衣具。应避免：皮肤和眼睛受到污染，吸入蒸气、悬浮微粒、粉尘或烟雾；容器标签标示不清；引发火灾和爆炸事故。

(11) 搬运化工材料后，在吃饭、抽烟、喝水或上厕所之前一定要洗手。

(12) 要保持工作区域干净、整洁、无溢洒。

(13) 按照国家和当地法规的要求存储化工材料。

(14) 化工材料应注意保存并避免儿童接触。

2）发动机废气排放注意事项

发动机废气中包含有害与有毒的化学成分和微粒，如碳氧化物、氮氧化物、乙醛和芳香族烃。发动机应在有充分的废气抽排设施或非封闭空间并且全面通风的条件下运行。

汽油发动机：在产生有毒或有害影响之前并无充分的气味或刺激警告，这些影响可能是即发的或缓发的。

柴油机：黑烟、使人不适及刺激性通常是烟雾达到有害浓度的预先警报。

3）空调制冷剂生产作业中注意事项

空调制冷剂是高度易燃、可燃的化学物品。操作现场要遵守"严禁吸烟"的规定。避免明火，并穿戴适当的防护手套和护目镜。如果皮肤接触到制冷剂，则应立即用大量清水冲洗；如果制冷剂进入眼睛，则应使用专用冲洗液清洗，不得揉擦，必要时应寻求医疗救护。如图2-8所示。

图2-8 安全使用制冷剂

空调制冷剂在使用中的注意事项：

(1) 不得将装有制冷剂的容器暴露于日光或高温下。

(2) 加注时，不得将装有制冷剂的容器直立，应阀口朝下。

(3) 不得将装有制冷剂的容器放置于温度较低的环境下。

(4) 切勿掉落装有制冷剂的容器。

(5) 任何情况下不得将制冷剂向大气排放。

(6) 不得混用制冷剂，如 R12（氟利昂）和 R134a 混用。

4) 汽车燃油使用注意事项

汽车燃油应尽量避免与皮肤接触，万一发生接触，要用肥皂和水清洗。由于燃油高度易燃，故应遵守"严禁吸烟"的规定，如图 2-9 所示。吞下燃油会对口腔和咽喉产生刺激，且被肠胃吸收后可导致昏睡和神志不清，如儿童少量接触即可危及生命。长期或反复接触汽油，会使皮肤干燥并引起过敏和皮炎。油液进入眼睛会产生严重刺激。车用汽油中含有对人有害的苯，高浓度汽油蒸气会引起眼、鼻、喉过敏及恶心、头痛、抑郁和如"酒醉"症状；超高浓度汽油会导致意识迅速丧失；长期接触高浓度汽油蒸气可致癌。

图 2-9 加注燃油时禁止吸烟

(1) 汽油。

汽油是原油精炼产生的碳氢化合物，能满足车辆燃油需求，具有高挥发性，并且与空气接触后气化形成可燃气体，极小的火花即可轻易将其点燃，所以必须小心处理。汽油用作汽油发动机燃料的原因：

①本身不含对人体有害的物质。

②燃烧时具有高抗爆性能。

③使用成本相对低廉。

(2) 柴油。

柴油（也称"轻油"）是一种碳氢混合物，其是在汽油及煤油从原油中蒸馏出来后，又以 150℃~370℃ 的温度从原油中蒸馏出来的。柴油主要用于运转柴油机。

①不可将汽油加入柴油机，否则会损坏喷油泵和喷嘴，如图 2-10 所示。

图 2-10 应正确加注汽车燃油型号

②柴油主要根据其流动性分类，因为随着温度下降，流动性会降低。一般根据使用环境（温度）决定柴油的使用类型。

③存储和搬运易燃材料或溶剂时，一定要严格遵守防火安全条例。

④切勿将燃油排入敞口容器，否则极易引起火灾，如图2-11所示。

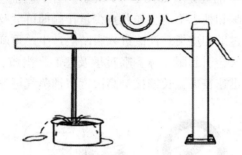

图2-11 柴油回收时应注意

5）溶剂生产作业注意事项

常用溶剂包括丙酮、石油溶剂油、甲苯、二甲苯和三氯乙烷，长期或反复接触这类溶剂，会使皮肤脱脂并引起过敏反应或产生皮炎。有些溶剂可通过皮肤被人体吸收，引起中毒或伤害，若溅入眼内则可产生严重刺激并可能导致视力丧失。短时间接触高浓度溶剂蒸气或烟雾会引起眼睛和咽喉疼痛、昏睡、眩晕、头痛，甚至导致神志不清；反复或长期接触过量但浓度较低的溶剂蒸气或烟雾，可对人体产生更严重影响，所以在使用中应注意以下事项。

（1）避免长期和反复接触机油，特别是废旧发动机机油。

（2）穿戴防护衣具，包括抗渗手套。

（3）切勿将有机油的布片放在衣袋里。

（4）避免穿戴被油污染的衣服，特别是内衣裤和鞋袜。

（5）开放的伤口应立即治疗。

（6）工作前应涂抹隔离膏，以去除皮肤上的机油。

（7）工作结束后用肥皂和水清洗，彻底清除皮肤上所有的机油。用含有羊毛脂的护肤霜补充皮肤上被清除的自然油脂。

（8）切勿使用汽油、煤油、柴油、稀料或溶剂清洗皮肤。

（9）如果皮肤出现异常，则应立即求医。

（10）如果可能，则搬运部件前应先清除部件上的油脂。

（11）作业中如有接触眼睛的危险，应佩戴眼睛防护装置，例如化学品护目镜或防护面罩；另外还应备有眼睛清洗装置。

6）润滑油和润滑脂生产作业注意事项

避免长期和反复接触矿物油。长期和反复接触矿物油会去除皮肤上原有脂肪，导致皮肤干裂、过敏和皮炎。所有润滑油与润滑脂都可能对眼睛和皮肤产生刺激。另外，废旧机油可能含有导致皮肤癌的有害污染物，故作业前必须提供充足的皮肤防护和清洗设施。不得把废旧发动机机油用作润滑油或用于任何可以与皮肤接触的地方。废机油和废滤清器应通过授权废弃物处理承包商或特许废物处理场进行处理，或送到废油再生回收公司处理。

7）氯氟化碳（CFC）生产作业注意事项

含氯氟烃主要用于汽车空调系统的制冷剂和气雾剂的挥发剂，卤化物则用于灭火剂。含氯氟烃及其卤化物对臭氧层有破坏性。若臭氧层受到破坏，则会导致皮肤癌、白内障和免疫系统低下等疾病，还会降低农作物和水产系统的产量。

8）粉尘生产作业注意事项

粉末、粉尘或烟尘具有刺激性，有害或有毒，故应避免吸入来自粉状化工材料或干磨操作产生的粉尘。如果通风不足，应戴呼吸防护装置。细微粉尘属于可燃物，有爆炸危险，故要避免达到爆炸极限并远离火源。切勿用压缩空气清除表面粉尘。

9）石棉生产作业注意事项

吸入石棉粉尘会导致肺损伤，甚至致癌。石棉通常用于制造制动器和离合器衬片、变速器制动带及密封垫。建议使用制动鼓清洗机、真空吸尘器或湿擦的方法清除粉尘，如图2-12所示。石棉粉尘垃圾应该喷水处理并装入带有标记的密封容器内，确保安全处置。如果要在含石棉的材料上切割或钻孔，则应将该零件喷水并用手用工具或低速动力工具加工。

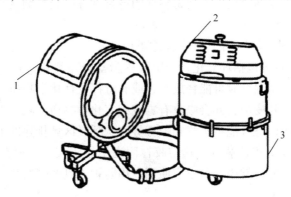

图2-12 石棉生产作业回收设备
1—带罩套和真空软管的制动器清洁排风罩；2—电动真空泵；3—滤清器/收集罐总成

10）防冻剂生产作业注意事项

防冻剂高度易燃、可燃，主要用于汽车冷却系统、制动器气压系统和风窗清洗液。冷却液防冻剂（乙二醇）受热时会释放蒸气（应避免吸入这类蒸气）。防冻剂可通过皮肤吸收，导致中毒或引起伤害。如果误食防冻剂，则可能导致生命危险，应立即求医。任何与普通食品加工或自来水供应管路连接的冷却或工业用水系统不允许使用此类防冻剂产品。

11）酸和碱生产作业注意事项

酸、碱包括硫酸或苛性钠，通常用于蓄电池中或用作清洁材料，常见的蓄电池电解液一般为酸液。酸、碱有刺激性和腐蚀性，可引起烧伤，并可穿透普通防护衣具，应避免溅于皮肤、眼睛和衣服；穿戴恰当的抗渗防护围裙、手套和护目镜；切勿吸入有害雾气；确保在发生泼溅事故时，能立即清洗处理；工作场所和使用设备设置"对眼有害"标志。

12）制动液（聚二醇）生产作业注意事项

制动液（聚二醇）生产作业时如溅于皮肤、眼睛，则会有轻微刺激。由于其蒸气压力极低，故在室温下一般不会有吸入蒸气的危险。

13）防锈材料生产作业注意事项

防锈材料属于高度易燃化学产品，故生产时要遵守"严禁吸烟"的规定，并应遵循制造厂商的使用说明。防锈材料可能含有溶剂、树脂、石化产品等，故应该避免接触皮肤和眼睛，且只可在非封闭空间和充分通风的情况下进行喷涂。

14）油漆生产作业注意事项

油漆属于高度易燃、可燃化学产品，故生产时应遵守"严禁吸烟"的规定，且油漆喷涂最好在带废气排放设备的工作间内进行。在工作间工作的人员应该穿戴专用呼吸防护装置，在开放车间进行小面积修理工作的人员应该佩戴供气滤尘呼吸器。

15）胶黏剂和密封剂生产作业注意事项

胶黏剂和密封剂属于高度易燃、可燃化学产品，故生产时应遵守"严禁吸烟"的规定，且通常应保存在"非吸烟"区。工作中应注意保持清洁和整齐，例如在工作台上铺盖一次性纸张；应该尽可能用涂胶器进行涂胶；容器（包括辅助容器）应贴有恰当的标签。

（1）厌氧氰基丙烯酸酯（超级胶）及其他丙烯酸胶黏剂生产作业注意事项。

这类胶黏剂大多有刺激性、感光性或对皮肤及呼吸道有害，有些还对眼睛有刺激性，故应该避免接触皮肤和眼睛，并遵循制造厂商的使用说明。如果皮肤或眼睛组织被粘结，则应覆盖清洁潮湿的布，并立即求医，切勿将粘住的地方撕开。胶黏剂蒸气对鼻子和眼睛有刺激性，故应在通风良好的地方使用。

（2）树脂基胶黏剂/密封剂生产作业注意事项。

树脂基胶黏剂/密封剂包括环氧化物与甲醛树脂基胶黏剂和密封剂，使用时应该在通风良好的地方进行混合，且混合时可能释放有害或有毒挥发性化学物质。皮肤接触未硫化的树脂和硬化剂会引起过敏和皮炎，并会吸收有毒或有害化学物质；溅入眼睛会损伤眼睛。喷涂作业最好在带废气排放设备且能将蒸气和喷雾雾滴从呼吸区域排除的工作间内进行，并穿戴专用手套及眼睛和呼吸道防护装置。热熔胶在固态下较为安全，但在熔融态可能会导致烫伤，而吸入气态胶则会危害健康，所以应使用专用防护衣具及带有热熔断路器的恒温控制加热器，并保证充足的通风。

16）泡沫材料（聚氨基甲酸酯）生产作业注意事项

泡沫材料（聚氨基甲酸酯）用于隔绝噪声。经过硫化处理的泡沫塑料用于座椅和装饰垫等。患慢性呼吸道疾病、哮喘、支气管炎，或有异态反应疾病史的人员应避免接触或避免在未硫化材料附近工作。泡沫的成分、蒸气或喷雾可导致人过敏或发生过敏性反应，并可能令人中毒，故切勿吸入有害蒸气和喷雾。喷涂这些材料时，必须充分通风并使用呼吸防护装置。喷雾后应等到蒸气或雾气完全散尽之后再摘下口罩。燃烧未硫化的成分与硫化的泡沫塑料会产生有毒和有害烟雾。在加工泡沫材料及其蒸气或雾气散尽之前，不允许吸烟、出现明火或使用电气设备。任何高温切割硫化或部分硫化泡沫材料的操作都应在充分通风的情况下进行。

5. 危险工序注意事项

焊接工艺包括电阻焊（点焊）、电弧焊、气焊（包括气割）和锡焊。

1）电阻焊（点焊）

该工艺可使熔融金属颗粒高速射出，故作业中应注意保护眼睛和皮肤。

2）电弧焊

电弧焊作业时会放射高能量紫外线，造成作业人员与附近人员眼睛和皮肤灼伤。在进行气体保护焊作业时必须穿戴个人防护装置，并且用屏蔽装置保护其他人。电弧焊作业时应将隐形眼镜换成普通眼镜，因为电弧光谱会放射微波，将隐形眼镜镜片与眼睛之间的液体烘干，致使摘下镜片时损伤眼睛甚至导致失明。电弧焊作业时也会产生金属飞溅，故需要使用保护眼睛与皮肤的专用防护装置。焊弧的高温会使焊接的金属、焊条和工作面上的涂覆层或污物形成烟雾与气体，这些气体和烟雾可能有毒，应避免吸入。需要使用抽排风装置清除工作区的烟雾，特别是在总体通风不良或进行大量焊接工作的情况下更应如此。在通风不良的封闭空间内，需要使用供气防毒面具。

3）气焊（包括气割）

氧乙炔焊具可用来焊接和切割，作业时应防止气焊所用气体泄漏，以免引起火灾和爆炸。气焊作业过程中会产生金属飞溅，故需要使用眼睛和皮肤防护装置。气焊火焰明亮，但其紫外线放射量少于电弧焊，因此可使用较浅的滤光镜。气焊本身很少产生有毒气体，但工件涂层会产生有毒烟雾和气体（特别是在切割损坏的车身时），所以应避免吸入。

铜焊时，铜焊条中的金属可能会产生有毒烟雾，部分铜焊条中含有的镉还会对人产生严重危害。铜焊作业时必须格外小心，以避免吸入有毒烟雾。焊接或切割任何含有可燃物的器皿之前必须采取保护措施。

4）锡焊

焊锡是几种金属的混合物，混合物的熔点低于各组分金属（通常为铅和锡）的熔点。如果使用空气焰，焊锡通常不会产生有毒气体。因为作业温度高不伴随铅烟的产生，所以不得使用氧乙炔焰进行锡焊。由于细微的铅末具有毒性，所以清除多余焊锡时应小心，且需要使用呼吸防护装置，以防止吸入；散落的焊锡与锉屑应及时收集和清除，以防止铅对大气造成污染。为了避免摄入铅或吸入衣服上的焊锡粉尘，应提高个人卫生标准。

6. 危险警告标签

部分汽车部件上带有警告标志的标签，对于所警告的内容，必须严格遵守。

表 2-2 所示为几种最常见的警告识别标记及其说明。

表 2-2 汽修生产危险警告标签

危险警告内容	标签图示
部件或总成贴有带"闪电箭头"的警告三角形和打开书本的标志，表示带有高压电，在发动机运转或点火开关接通时切勿触碰这些部件	
识别汽车是否使用含有石棉的零件和备件	
汽车上贴有删除一根点着火柴的圆圈警示标志，表示禁止在附近使用明火或火焰，因为存在高度易燃或易爆的液体或蒸气	

续表

危险警告内容	标签图示
警告该部件含有腐蚀性物质	
警告附近存在易爆物质	

二、维修车间各工种安全操作规程

1. 维修机工安全操作规程

(1) 工作前应检查所使用的工具是否完整无损,施工中工具必须摆放整齐,不得随地乱放,工作完毕后应清点、检查并擦净工具,并按要求把工具放入工具车或工具箱内。

(2) 车辆解体前应进行外部清洗,拆装总成应使用拆装架或起吊举升设备。拆装零部件时,必须使用合适的工具或专用工具,切忌蛮干,不得用硬物、手锤直接敲击零件。零件拆卸完毕后应按一定顺序整齐安放在零件盘或台架上,不得随地堆放。

(3) 换下的废件、废油、废包装盒应收入废料桶内,要每日清理,不准随地乱丢、乱放。分解的零配件、工具、油水应不落地,随时保持工作场地的清洁、整齐及道路畅通。

(4) 维修过程实行交叉作业时,车辆内外、上下各部位,各工种要相互协调、避让。应高度重视安全系统(转向、制动等)的维修工艺与零配件质量,严格按技术标准施工,以确保其运行可靠。

(5) 在车上修理作业及用汽油清洗零件时不得吸烟,不准在正在修理的汽油车旁烧烘火花塞或点燃喷灯等。

(6) 用千斤顶进行底盘作业时,必须选择平坦、坚实场地,并用三角木将前后轮塞稳,然后用马凳按车型规定支撑点将车辆支撑稳固,严禁单纯用千斤顶顶起车辆后在车底作业。

(7) 修配过程中应认真检查原件或更换件是否合乎技术要求,并严格按修理技术规范精心施工及检查调试。

(8) 发动机修好后,在起动前应先检查各部件装配是否正确,是否按规定加足润滑油、冷却水,并置变速器于空挡,轻点起动机试运转,拉起手刹车。车底有人时,严禁起动车辆。

（9）发动机过热时，不得立即打开水箱盖，以防沸水烫伤。

（10）使用工作灯时应采取低压（36V以下）安全灯，工作灯不得冒雨或拖过水地使用，要经常检查导线、插座是否良好。手湿时不得扳动电源开关或插电源插座，电源线路融断丝应按规定安装，不得用铜线、铁线代替。

（11）地面指挥车辆行驶、移位时，不得站在车辆正前方或后方，并注意周围障碍物。

（12）作业结束后要及时清除生产车间的油污杂物，并将设备机具整齐安放在指定位置，以保持施工场地整齐清洁。

（13）在车间内驾驶机动车时不要超过10 km/h，注意驾驶安全。

（14）严格按照操作规程使用各种保修机具设备，并对设备进行日常维护及保养，使之处于完好的状态。

（15）用汽油等清洗零部件或接触易燃、易爆等物品时，严禁烟火。

2. 维修油（烤）漆工安全操作规程

（1）喷漆工作的作业场地严禁存放易燃、易爆物品，工作场地严禁吸烟，喷漆间必须备有消防用具，不准进行焊接和一切明火作业。

（2）工作前必须穿戴好防护用品，如口罩、手套和工作帽等，否则不得入内。

（3）喷漆工件应放平稳后方能进行操作。作业时使用的高凳应有防滑措施，否则不得使用。

（4）处理喷枪堵塞时，用钢针通畅后，应对地45°试喷，不得对人，以防止高压气喷出伤人。

（5）工作前应及时启动风机排风，启动前应检查风机有无故障、扇叶有无摩擦现象、电源线是否有破损，以防止电动机打火引起火灾。

（6）喷漆间放工件的架子应每季度清理残漆一次，处理废油纱、废煤油、汽油、松节油、硝漆等物品时，应通知保卫部门及本车间安全员，并选派有经验的人员进行处理。

（7）工作完毕后，应清扫场地，并将用完的废旧物品如棉丝等集中放在专用器具内，不得到处乱扔乱放。

（8）供油泵烤炉不得漏油，每月对煤油箱进行一次排水作业。

（9）进行保温烘干作业时，不得将温度调节器设定在80℃以上。

3. 维修钣金工安全操作规程

（1）工作前要先将工作场地清理干净，以免其他杂物妨碍工作，同时认真检查所有用具、机具技术状况是否良好、连接是否牢固。

（2）进行校正作业或使用车身校正台时应正确挟持、固定、牵制，并使用适合的顶杆、拉具、夹具及确定站立位置，以防物件弹跳伤人。

（3）使用电焊机时，必须事前检查各部及焊机接地情况，确认无异常情况后方可按启动程序开动使用。

（4）电焊条要干燥防潮，工作时应根据工件大小选择适当的电流及焊条，电焊作业时，操作者要戴面罩及劳动防护用品。

（5）焊补油箱时，必须放净燃油，彻底清洗确认无残油后，再敲开油箱盖谨慎施焊。

（6）氧气瓶、乙炔气瓶要置于距离火源较远的地方，不得在太阳下曝晒，不得撞击，

所有氧焊工具不得沾上油污、油漆，要定期检查焊枪、气瓶、表头和气管是否漏气。

（7）搬运氧气瓶及乙炔瓶时必须使用专门搬运车，切忌在地上拖拉。

（8）进行氧焊点火时先开乙炔气阀后开氧气阀；熄火时先关乙炔气阀；发生回火（回燃）现象时应迅速卡紧胶管，先关乙炔气阀再关氧气阀。

4. 电工（空调）安全操作规程

（1）工作前应备齐工具并检查其是否完整无损、技术状态是否良好。

（2）在车上进行电工作业时应注意保护汽车漆面、装饰、地毯及座位，必要时要使用保护垫布、座位套，以保持修理车辆的整洁。

（3）在装有微机（电脑）控制系统的汽车上进行电工作业时，如没有必要，尽量不要触动电子控制部分的各个接头，以防意外损坏其装置内部的电子元件。如要连接或断开电控系统与任何一个单元之间的电气配线进行作业，则必关闭点火开关，并拔掉电瓶负极插头，以免造成控制器元件损坏。

（4）电瓶充电作业时，要保持室内通风良好。充电时应将电瓶盖打开，电解液温度不得超过45℃。检查电瓶时应戴防护镜。

（5）新电瓶充电必须遵守两次充足的技术规程，在充电过程中要取出电瓶（应先将电源关闭，以免损坏充电机及电瓶）。

（6）空调系统应在通风良好处作业，排出制冷剂时应缓慢进行，以防止油一起冲出；同时不能与明火及灼热金属接触，否则冷却媒会分解成有毒气体。

（7）添加处理制冷剂操作时要戴护眼镜，谨防冷却媒溅入眼内（如不慎溅入，应立即用冷水或20%稀硼酸冲洗）或溅到皮肤上。

（8）制冷剂钢瓶搬运时严防震动撞击，避免日光暴晒，同时应储放在通风干燥的库房中。

工作任务1　汽车维修安全作业的任务分析

一、工作与学习目标

（1）能确认安全生产项目和类别。

（2）能识别安全标志并建立初步思路。

二、工作过程及学习记录

1. 安全生产的注意事项

_____

_____

_____

2. 填写表 2–3 中汽修工作人员劳动保护装置对应的内容名称

表 2–3　汽修工作人员劳动保护装置对应的内容名称

项目名称	内容	图示	实物图片	相关防护用品名称
头部防护装置	在停于坡道的汽车下工作时应使用头部防护装置，以防止因工具或物体掉落而受伤			
眼睛防护装置	在有飞溅火花或打磨、钻孔产生粉尘的区域工作时应使用眼睛防护装置			
耳朵防护装置	在噪声环境下工作时应使用耳朵防护装置。如果必须大声喊叫才能让 3 m 以外的对方听见，则表明环境噪声过大而需要使用耳朵防护装置			
手防护装置	处理锋利或高温材料时，使用正确类型的手套可防止割伤或烫伤			
呼吸道防护装置	某些作业会产生粉尘或涉及使用会释放烟雾的材料时，应该使用正确形式的面具，以防止吸入粉尘或烟雾		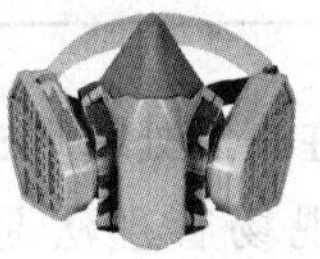	
脚防护装置	劳保靴应该适合于从事的工作，即鞋底应该防滑、脚趾部位应有防压铁头			

3. 写出表 2-4 中汽车部件安全标识名称

表 2-4　汽车部件安全标识名称

危险警告内容	标签图示	标识名称
部件或总成贴有带"闪电箭头"的警告三角形和打开书本的标志,表示带有高压电,在发动机运转或点火开关接通时切勿触碰这些部件		
识别汽车是否使用含有石棉的零件和备件		
汽车上贴有删除一根点着火柴的圆圈警示标志,表示禁止在附近使用明火或火焰,因为存在高度易燃或易爆的液体或蒸气		
警告该部件含有腐蚀性物质		
汽车贴有这个标志(通常连同上述标志)时,表示附近存在易爆物质		

4. 在横线处填写 5S 现场管理的定义、目的及意义

5S 现场管理法是指_____(SEIRI)、_____(SEITON)、_____(SEISO)、_____(SEIKETSU)和_____(SHITSUKE)五个项目。

(1) _____(SEIRI)定义:_____;

　　　　　　　　　　目的:_____;

　　　　　　　　　　意义:_____。

(2) _____(SEITON)定义:_____;

　　　　　　　　　　目的:_____;

　　　　　　　　　　意义:_____。

(3) _____(SEISO)定义:_____;

　　　　　　　目的：_____；
　　　　　　　意义：_____。
(4) _____（SEIKETSU）定义：_____；
　　　　　　　目的：_____；
　　　　　　　意义：_____。
(5) _____（SHITSUKE）定义：_____；
　　　　　　　目的：_____；
　　　　　　　意义：_____。

5. 用电安全及触电后处理工作

_____
_____
_____。

6. 举升设备安全防护要点

_____
_____
_____。

7. 填写表2–5中汽修相关工种的安全作业注意事项

表2–5　汽修相关工种的安全作业注意事项

工种	安全注意事项
汽车修理工	1. 工作前应检查所用工具是否完好。施工时工具必须摆放整齐，不得随地乱放，工作完毕后应检查工具并擦干净，按要求放入工具车或工具箱内。 2. 拆装零部件时，必须使用合适工具或专用工具，不得大力蛮干，不得用硬物或手锤直接敲击零件。所有零件拆卸后要按顺序摆放整齐，不得随地堆放。 3. _____ 4. _____ 5. _____ 6. _____
汽车电工	1. 装卸发电机和起电机时，应将汽车电源总开关断开，未装电源开关的，卸下的电源接头应包扎好。 2. 汽车内的线路接头必须拉牢，并用胶布扎好，穿孔而过的线路要加胶护套。 3. _____ 4. _____ 5. _____ 6. _____

续表

工种	安全注意事项
汽车钣金工	1. 工作前要将工作场地清理干净，以免其他杂物妨碍工作，并认真检查所用的工具、机具技术状况是否良好、连接是否牢固。 2. _____ 3. _____ 4. _____ 5. _____ 6. _____
汽车漆工	1. 进入烤漆房作业时，必须备齐所需油漆、香蕉水及器具。 2. 待喷漆车辆进入烤漆房前应将底盘翼子板各部泥土、灰尘擦拭干净，严禁在喷漆房内清除灰尘。 3. _____ 4. _____ 5. _____ 6. _____
汽车维修钳工	1. 使用手锤时应检查锤头有无裂缝及飞边，锤把有无松动，且对面不准站人。 2. _____ 3. _____ 4. _____ 5. _____ 6. _____
车工	1. 开车前必须穿戴好劳动保护用品，女同志要戴帽子。 2. _____ 3. _____ 4. _____ 5. _____ 6. _____

续表

工种	安全注意事项
电焊	1. 在下雨、下雪时，不得进行露天施焊。 2. 在高处作业时，不准将焊接电缆放在电焊机上，横跨道路的电焊线必须有防压措施。施焊前应先检查周围环境，不得有易燃、易爆品，并系好安全带。 3. _____ 4. _____ 5. _____ 6. _____
气焊	1. 在焊接工作场所内，不得储存汽油、柴油及其他易燃、易爆物品，焊接工件上不准有油迹。 2. 氧气及乙炔瓶必须固定牢固，并保持 10 m 以上的安全距离，胶带不准安装三通接头而另接焊枪。 3. _____ 4. _____ 5. _____ 6. _____

8. 由图 2-13 写出工作服及劳动保护用品的佩戴注意事项

图 2-13　工作服及劳动保护用品的佩戴注意事项

9. 完成表 2-6 中安全作业注意事项

表 2-6 安全作业注意事项

图示	此危险状况相关注意事项
	1. _____ 2. _____ 3. _____ 4. _____ 5. _____
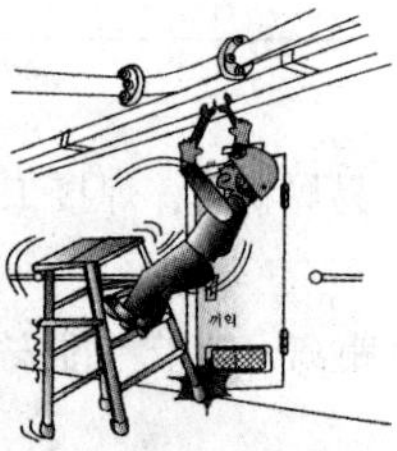	1. _____ 2. _____ 3. _____ 4. _____ 5. _____
	1. _____ 2. _____ 3. _____ 4. _____ 5. _____
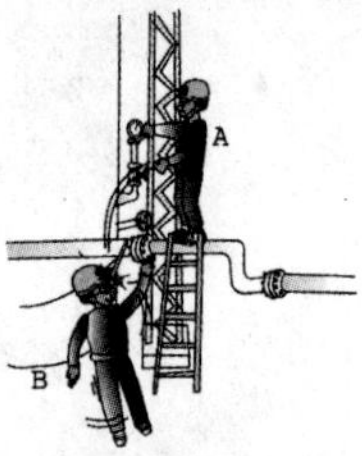	1. _____ 2. _____ 3. _____ 4. _____ 5. _____
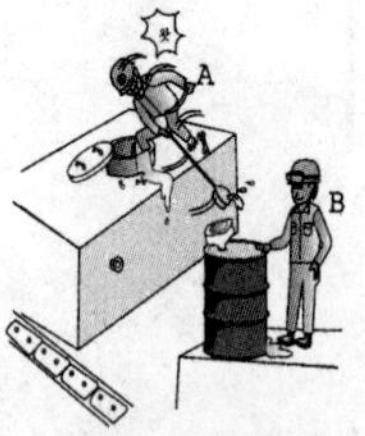	1. _____ 2. _____ 3. _____ 4. _____ 5. _____

续表

图示	此危险状况相关注意事项
	1. _____ 2. _____ 3. _____ 4. _____ 5. _____
	1. _____ 2. _____ 3. _____ 4. _____ 5. _____

三、工作效果评价

1. 自我评价

（1）通过本次学习，我学到的知识点/技能点有：_____
_____。

不理解的有：_____
_____。

（2）我认为在以下方面还需要深化学习并提升岗位能力：_____
_____。

（3）在本次工作和学习过程中，我的表现可得到：

　　　　□😎　　　　□🙂　　　　□☹️

2. 互相评价

1）综合能力测评

参阅表 2-7 评价内容说明。

2）专业能力测评

（1）"安全标识"由评价人任意指定各部件，评价对象指出对应标识的名称，评价人填写并判断正误，给予评定。

（2）评价结果全对得😎，错一项得🙂，错两项或以上得☹。

表 2-7 任务评价表

项目	评价内容	评价等级（学生互评）		
项　目	综合能力测评： 1. 请在对应条目的○内打"√"或"×"，不能确定的条目不填，可以在小组评价时让本组同学讨论并写出结论。 2. 评价结果全对得😎，错一项得🙂，错两项或以上得☹。	😎	🙂	☹
综合能力测评项目（组内互评）	○按时到场　○工装齐备　○书、本、笔齐全 ○安全操作　○责任心强　○7S 管理规范 ○学习积极主动　○合理使用教学资源　○主动帮助他人 ○接受工作分配　○有效沟通　○高效完成工作任务			
专业能力测评项目（组间互评）	各工种安全操作注意事项 / 汽修 / 漆工			
小组评语及建议	他（她）做到了： 他（她）的不足： 给他（她）的建议：	组长签名： 　　　年　　月　　日		
老师评语及建议		评价等级： 教师签名： 　　　年　　月　　日		

🌀 工作任务 2　汽车维修安全作业的方案实施

班级：_____　姓名：_____　学号：_____　工号：_____　日期：_____　测评等级：_____

一、工作与学习目标

（1）能够根据汽车维修安全作业标准实施作业。

(2) 能正确处理突发事故。

(3) 能够总结安全作业要领并相互评价。

二、工作过程及学习记录

1. 根据实际工作过程填写表 2-8

表 2-8 劳动保护用品使用及现场 5S 管理内容

项目	内容	图示
劳保用品的使用		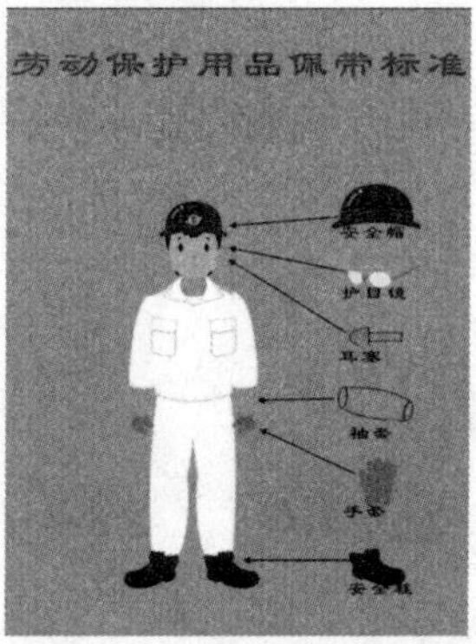
设备分类与整理		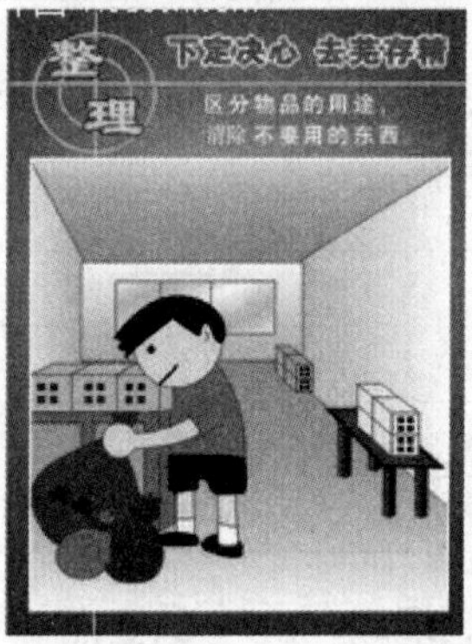
零部件分类与整理		

续表

项目	内容	图示
现场清扫与清洁		
垃圾处理		

2. 劳动保护用品在各工种之间的共同点和特殊点

_____
_____
_____
_____
_____。

3. 现场"5S"的要点

_____
_____
_____
_____
_____。

三、工作效果评价

1. 自我评价

（1）通过本次学习，我学到的知识点/技能点有：_____
_____。

不理解的有：_____

（2）我认为在以下方面还需要深化学习并提升岗位能力：_____
_____。

(3) 在本次工作和学习过程中，我的表现可得到：

☐😎　　☐🙂　　☐☹️

2. 互相评价

1）综合能力测评

参见表 2-9 评价内容说明。

2）专业能力测评

(1) "安全标识"由评价人任意指定各部件，评价对象指出对应标识的名称，评价人填写并判断正误，给予评定。

(2) 价结果全对得😎，错一项得🙂，错两项或以上得☹️。

表 2-9　任务评价表

项目	评价内容	评价等级（学生互评）		
项　目	综合能力测评： 1. 请在对应条目的○内打"√"或"×"，不能确定的条目不填，可以在小组评价时让本组同学讨论并写出结论。 2. 评价结果全对得😎，错一项得🙂，错两项或以上得☹️	😎	🙂	☹️
综合能力测评项目（组内互评）	○按时到场　○工装齐备　○书、本、笔齐全			
	○安全操作　○责任心强　○7S 管理规范			
	○学习积极主动　○合理使用教学资源　○主动帮助他人			
	○接受工作分配　○有效沟通　○高效完成工作任务			
专业能力测评项目（组间互评）	劳动保护用品的使用			
	现场 5S 管理			
小组评语及建议	他（她）做到了： 他（她）的不足： 给他（她）的建议：	组长签名： 年　月　日		
老师评语及建议		评价等级： 教师签名： 年　月　日		

知识拓展

去除油渍的方法：汽油直接清洗；化油器清洗剂清洗。

工作任务3　汽车维修安全作业完工检验

一、工作与学习目标
(1) 能够按照企业标准对车辆进行检验。
(2) 能够确认故障排除并对空气流量传感器的使用提出合理化建议。

检验项目	检验结果			备注
	😎	😊	😞	
劳动保护用品的使用				
现场"5S"管理				

二、根据所学知识，提出现场"5S"管理的合理化建议，并进行展示

项目二　练习题

一、填空题

1. 维修汽车时不要戴手表、_____或_____。
2. 在多尘环境中工作时应戴_____，以保护肺脏。
3. 不准赤脚、光膀子、穿裙子、穿高跟鞋进行维修作业；留长发者要带_____。
4. 使用一切机动工具及电器设备，必须遵守_____。
5. 正在进行维修作业的汽车，应在安全合适的场所进行，并悬挂"_____"字样的标牌，用三角木塞塞牢车轮。

二、选择题

1. 在电焊工作时，氧气瓶与乙炔瓶相距不得低于_____；两者离火源不得低于_____。（   ）
   A. 5m，5m　　　　　B. 5m，10m　　　　　C. 10m，5m
2. 电焊作业可能引起的疾病主要有（   ）。
   A. 电焊工尘肺　　　B. 气管炎　　　C. 电光性眼炎　　　D. 皮肤病
3. 在密闭场所作业（有毒气体超标并空气不流通）时，应选用的个体防护用品为（   ）。
   A. 防毒口罩　　　　　　　　　　　B. 有相应滤毒的防毒口罩
   C. 供应空气的呼吸保护器　　　　　D. 防尘口罩
4. 在下列绝缘安全工具中，属于辅助安全工具的是（   ）。
   A. 绝缘棒　　　B. 绝缘挡板　　　C. 绝缘靴　　　D. 绝缘夹钳
5. 在生产过程、劳动过程及（   ）中存在的危害劳动者健康的因素，称为职业性危害因素。
   A. 作业环境　　　B. 卫生环境　　　C. 高温环境　　　D. 电离环境

三、判断题

1. 当打开房门闻到天然气气味时，应立刻打电话报警。（   ）
2. 在砂轮机上磨工件时，应站在砂轮机侧面操作。（   ）
3. 当发现有人触电时，应立即让触电者脱离电源。（   ）
4. 当带电设备着火时，首先要救火。（   ）
5. 任何单位或者个人对事故隐患或者安全生产违法行为，均无权向负有安全生产监督管理职责的部门报告或者举报。（   ）

四、名词解析

1. 空气流量计。
2. 现场"5S"管理。

五、简答题

1. 如何正确穿戴劳保防护用品？
2. 触电现场急救有哪几种方法？
3. 搬运大而重的物品时应注意哪些操作规程？

项目三

常用工、量具的使用

班级：_____ 姓名：_____ 学号：_____ 工号：_____ 日期：_____ 测评等级：_____

工作任务	常用工、量具的使用	教学模式	任务驱动
建议学时	4 学时	教学地点	一体化实训室

任务描述	某车辆发动机机油压力低，经过排查，初步确认为曲轴磨损严重。作为修理人员，要正确选用汽车维修常用工、量具，完成发动机曲轴的拆卸，并进行测量检验
学习目标	1. 汽车维修常用工、量具的基本认识； 2. 汽车维修常用工、量具的使用方法及注意事项； 3. 汽车维修常用工、量具的维护方法； 4. 能够主动获取信息，展示学习成果，对工作过程进行总结与反思，与他人进行有效沟通，团结协作

学习准备

1. 设备器材

每组配套：AJR 发动机拆装台架（无外附件并放掉机油），工具车 1 辆，世达工具（150 件）1 套，拆装专用工具 1 套，百分表及磁力表座 1 套，手锤，扭力扳手，预置力扳手，尖嘴钳，抹布，手套，机油，中心冲子，游标卡尺，网络资源。

2. 分七组

小组人员岗位分配表（由组长分配）

工作岗位	时段一 ____年____月____日 ____时____分至____时____分	时段二 ____年____月____日 ____时____分至____时____分
主修人员（1人）		
辅修人员（1人）		
工具管理（1人）		
零件摆放（1人）		
安全监督（1人）		
质量检验（1人）		
7S 监督（2~4人）		

一、常用维修工具的使用

汽车维修常用工具包括套筒、扳手、钳子、螺丝刀、电动及气动工具等。

1. 扳手

扳手是汽车修理中最常用的一种工具,主要用于扭转螺栓、螺母或带有螺纹的零件。如果扳手选用不当或使用不当,不但会使工件和扳手损坏,还可能引发危及人身安全方面的事故。因此,正确地选用和使用扳手尤为重要。

扳手种类繁多,常见的有套筒扳手、梅花扳手、开口扳手和活动扳手等。在拆卸螺栓时,应按照"先套筒扳手,后梅花扳手,再开口扳手,最后活动扳手"的选用原则进行选取,如图3-1所示。

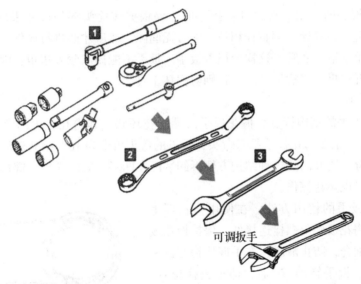

图3-1 扳手的选用原则
1—套筒扳手;2—梅花扳手;3—开口扳手;4—活动扳手

在选用扳手时,要注意扳手的尺寸(尺寸是指它所能拧动的螺栓或螺母正对面间的距离。例如扳手上表示有22 mm,即此扳手所能拧动螺栓或螺母棱角正对面间的距离为22 mm)。

现在常见的工具都有公制、英制两种尺寸单位,公制和英制之间的换算关系为:1 mm = 0.039 37in。

禁止使用一种单位关系系统的扳手旋动另外一种单位系统的螺栓或螺母。

1)开口扳手

(1)开口扳手结构特点。开口扳手两头均为U形的钳口,可套住螺栓或螺母六角的两个对向面。开口扳手主要用于无法使用套筒扳手和梅花扳手操作的位置,如有些螺栓或螺母必须从横侧插入,此时开口扳手可以做到,而其他扳手则不行,如图3-2所示。

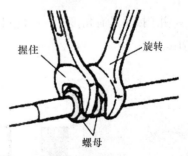

图3-2 开口扳手的使用方法(一)

开口扳手的钳口与手柄存在一定的角度,这样可以通过反转开口扳手来增加适用空间,如图 3-3 所示。

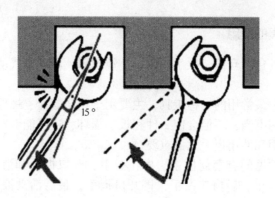

图 3-3 开口扳手的使用方法（二）

（2）开口扳手的选用。选择开口扳手时,要根据螺栓头部的尺寸来确定合适的型号,并确保钳口的直径与螺栓头部直径相符、配合无间隙,然后才能进行操作。

不能在扳手手柄上套管,这样会损害扳手。扳手不能提供较大扭矩,因此不能用于最终拧紧。禁止将开口扳手当撬棍使用,否则会损坏工具。

2）梅花扳手

（1）梅花扳手的结构特点。梅花扳手两端呈花环状,其内孔是由两个正六边形相互同心错开 30°而成。很多梅花扳手都有弯头,常见的弯头角度为 10°~45°,从侧面看旋转螺栓部分和手柄部分是错开的。这种结构方便拆卸装配在凹陷空间的螺栓、螺母,并可以为手指提供操作间隙,以防止擦伤。

（2）梅花扳手的使用方法。在使用梅花扳手时,左手推住梅花扳手与螺栓连接处,保持梅花扳手与螺栓完全配合,防止滑脱,右手握住梅花扳手另一端并加力。扳手转动 30°后,即可更换位置,特别适用于拆装处于空间狭小位置的螺栓和螺母。

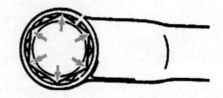

梅花扳手可将螺栓、螺母的头部全部围住,因此不会损坏螺栓角,并可施加大力矩,如图 3-4 所示。

图 3-4 梅花扳手的使用方法（一）

由于扳手是有角度的,因此可用于在凹进空间里或在平面上旋转螺栓、螺母,如图 3-5 所示。

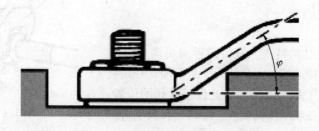

图 3-5 梅花扳手的使用方法（二）

严禁锤击扳手以增加力矩，否则会造成工具损坏；严禁使用带有裂纹或内孔已经严重磨损的梅花扳手；严禁将加长的管子套在扳手上以延伸扳手长度从而增加力矩。

3）成套的套筒扳手

（1）套筒头的规格和类型。

套筒扳手是拆卸螺栓最方便、灵活而且安全的工具，使用套筒扳手不易损坏螺母的棱角。一般根据工作空间大小、扭矩要求和螺栓或螺母的尺寸选用合适的套筒头。

①根据尺寸大小套筒头有大和小两种，如图3-6所示。大的一种可以获得比小的一种更大的扭矩。

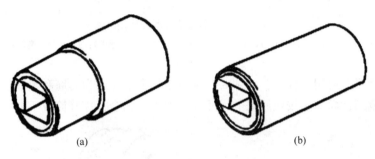

图3-6 套筒头的尺寸
(a) 大尺寸套筒头；(b) 小尺寸套筒头

②根据钳口形状分类有双六角形和六角形两种，如图3-7所示。六角部分与螺栓/螺母的表面有很大的接触面，这样就不容易损坏螺栓/螺母的表面；双六角形套筒各角之间只间隔30°，可以很方便地套住螺栓，适合于在狭窄的空间中拆卸螺栓。

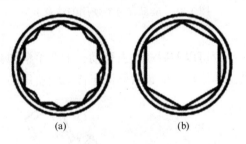

图3-7 套筒头钳口的两种形状
(a) 双六角形；(b) 六角形

双六角形套筒不能拆卸大扭矩或棱边已经磨损的螺栓，因为它与螺栓的接触面小，容易损坏螺栓的棱角或出现滑脱事故。

（2）套筒接合器。

套筒接合器也叫套筒转换接头，即将现有不同尺寸规格的手柄和套筒配合使用，例如10 mm系列的手柄接12.5 mm系列的套筒或者12.5 mm系列手柄接10 mm系列套筒等都需要转换接头。转换接头有两种，一种是"小"→"大"，另外一种是"大"→"小"，如图3-8所示。

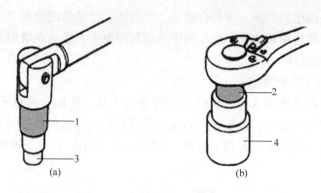

图 3-8　套筒接合器的使用方法

1—套筒接合器（"大"→"小"）；2—套筒接合器（"小"—"大"）；3—小尺寸套筒；4—大尺寸套筒

套筒接合器在使用过程中，必须要控制扭矩的大小，因为套筒和手柄经过转换后，并不是同一尺寸范围，而如果按照原来的尺寸施加力矩，则会损坏套筒或手柄，如图 3-9 所示。

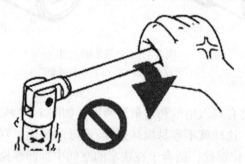

图 3-9　套筒接合器使用的注意事项

（3）万向接头。

万向接头的方形套头部分可以前后或左右移动，配套手柄和套筒之间的角度可以自由变化，如图 3-10 所示。其工作原理与前置后驱汽车传动轴使用的万向节基本相同。

图 3-10　万向节结构

套筒扳手与配套手柄是垂直连接的，但车辆上的很多地方套筒是无法伸入的，这时候万向接头将提供最大的方便，它可以提供比可弯式接头更大的变向空间，如图 3-11 所示。

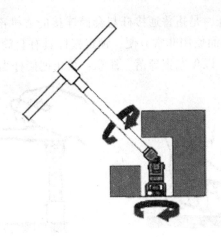

图 3 - 11　万向节使用方法

使用万向接头时，不要使手柄倾斜较大角度来施加扭矩（见图 3 - 12），应尽可能在接近垂直状态下使用，因为偏角过大会使扭矩的传递效率降低。使用气动工具时严禁使用万向节，因为球节不能吸收旋转摆动会发生脱开情况，造成工具、零件或车辆损坏，甚至造成人身伤害。

图 3 - 12　使用万向节时注意事项

1—手柄倾斜角度不要过大；2—使用气动工具时禁止使用万向节

（4）接杆。

接杆也称延长杆或加长杆，是套筒类成套工具不可缺少的一部分。在日常的汽车维修工作中，有 75 mm、125 mm、150 mm 和 250 mm 等不同长度的接杆供选用，即常说的长接杆和短接杆。

接杆的主要作用是加装在套筒和配套手柄之间，用于拆卸和更换装得很深、仅凭套筒和手柄无法接触的螺栓、螺母，如图 3 - 13 所示。

另外，在拆卸平面上的螺栓、螺母时，工具会紧贴在操作面上，妨碍正常拆卸，甚至会产生安全事故，而接杆可将工具抬离平面一定高度，以便于操作，如图 3 - 14 所示。

有很多接杆经过改进后具有特殊功能，如转向接杆和

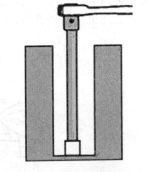

图 3 - 13　接杆的使用方法（一）

锁定接杆等。所谓转向接杆，是指普通接杆与套筒连接的方榫部，经过改进再装上套筒后，会产生10°左右的偏角，因而使用非常方便；锁定接杆具有套筒锁止功能，即在使用过程中可固定套筒或万向节接头，以免发生掉落。注意：禁止把接杆当冲子使用。

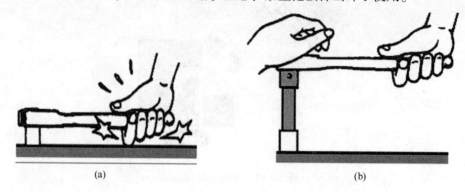

图3-14 接杆的使用方法（二）
(a) 不合理的操作；(b) 接杆的作用

（5）手柄。

①滑杆也称滑动T形杆，是套筒专用配套手柄，横杆部可以滑动调节。通过滑动方榫部分，手柄可以有两种使用方法，如图3-15所示。方榫位置在一端，形成L形结构，从而增加力矩，达到拆卸或紧固螺栓的目的，与L形扳手类似；方榫部分在中部位置，形成T形结构，两只手同时用力，可以增加拆卸速度，但要求的工作空间很大。

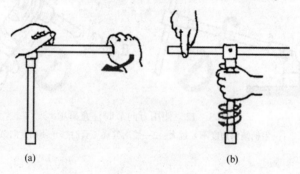

图3-15 滑竿行手柄的使用方法
1—L形手柄；2—T形手柄

②旋转手柄也称摇头手柄或扳杆，可用于拆卸或更换要求大扭矩的螺栓或螺母，也可在调整好手柄后进行迅速旋转，如图3-16所示。但其手柄很长，很难在狭窄空间下使用。旋转手柄头部可以做铰式移动，这样即可根据业空间要求调整手柄的角度。

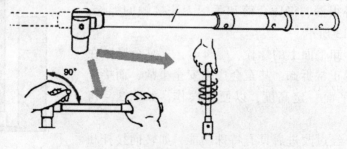

图3-16 旋转手柄的使用方法

③棘轮手柄是最常见的套筒手柄，如图3-17所示。套筒手柄是装在套筒上用于扳动套筒的配套手柄，如果没有配套手柄，套筒将无法独立工作。

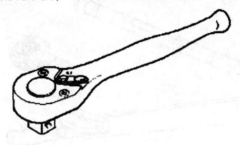

图3-17 棘轮手柄外部形状

棘轮手柄头部设计有棘轮装置，在不脱离套筒和螺栓的情况下，可实现快速单方向的转动。通过调整锁紧机构可改变其旋转方向：将锁紧机构手柄调到左边，可以单向顺时针拧紧螺栓或螺母；将锁紧机构手柄调到右边，可以单向逆时针松开螺栓或螺母，如图3-18所示。

图3-18 棘轮的换向功能
1—拧松；2—拧紧

棘轮手柄使用方便但不够结实，故不能使用棘轮扳手对螺栓或螺母进行最后的拧紧。另外，严禁对棘轮手柄施加过大的扭矩，否则会损坏内部的棘爪结构。

有些专业棘轮扳手设计有套筒锁止及快速脱落功能，只需单手操作，便可防止在使用过程中套筒或接杆脱落。使用时，按下锁定按钮，将套筒头套入棘轮扳手的方榫中，松开锁定按钮，套筒即被锁止，如再次按下锁定按钮，则可解除套筒锁定。

④扭力扳手主要用于有规定扭矩值的螺栓和螺母的装配，如气缸盖、连杆和曲轴主轴承等处的螺栓。

常用的扭力扳手有指针式和预置力式两种，如图3-19所示。

a. 指针式扭力扳手结构相对比较简单，其数值可通过刻度盘读出。汽车维修中常用扭矩扳手的规格为300 N·m，使用指针式扭力扳手时，应注意左手在握住扳手与套筒连接处时，不要碰到指针杆，否则会造成读数不准。

b. 预置力式扭力扳手可通过旋转手柄预先调整设定扭矩，达到设定扭矩时该扳手会发出警告声以提示用户。当听到"咔嗒"声响后，应立即停止旋力以保证扭矩正确，当扳手设在较低扭力值时,警告声可能很小,所以应特别注意。

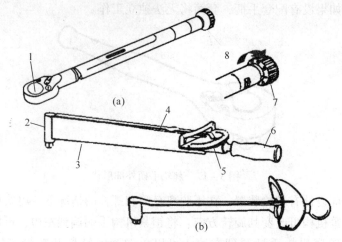

图 3-19 常用扭力扳手
(a) 预置力扭力扳手;(b) 指针式扭力扳手
1—棘轮机构;2—头部;3—横梁;4—指针;5,8—刻度;6—旋转手柄;7—套筒

4)活动扳手

(1)活动扳手的结构特点。

活动扳手也叫可调扳手,适用于尺寸不规则的螺栓、螺母,它能在一定范围内任意调节开口尺寸,如图 3-20 所示。一个可调扳手可用来代替多个开口扳手。活动扳手由固定钳口和可调钳口两部分组成,扳手的开度大小可通过调节螺杆进行调整。

图 3-20 活动扳手及调节机构
1—调节钳口;2—调节螺杆

(2)活动扳手的使用方法。

使用活动扳手时应先将活动扳手调整合适,使活动扳手钳口与螺栓、螺母两对边完全贴紧,不应存在间隙。使用时,要使活动扳手的可调钳口部分受推力、固定钳口受拉力,只有这样施力才能保证螺栓、螺母及扳手本身不被损坏,如图 3-21 所示。如果不按照这种方法转动扳手,则会使压力作用在调节螺杆上,在施力时促使钳口变大,从而损坏螺栓、螺母的棱角和扳手本身。

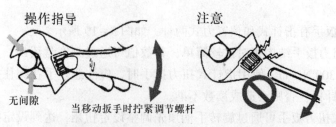

图 3-21 活动扳手的正确使用方法

使用时，严禁在扳手上随意加装套管或锤击活动扳手，严禁将活动扳手当作锤子来使用，否则会使活动扳手损坏。

2. 钳子

钳子主要用于弯曲小的金属材料及夹持扁形或圆形零件和切断软的金属丝等。

在汽车维修中，常用的钳子类型有钢丝钳、鲤鱼钳、尖嘴钳、斜嘴钳、水泵钳、卡簧钳、大力钳和管钳等。

应根据在汽车维修中所要达到的不同目的来选用不同种类的钳子，并且还要考虑工作空间的大小等因素。

1）钢丝钳

钢丝钳是最常见的一种钳子，它可以用来切断金属丝或夹持零件。

使用钢丝钳时，应用手握住钳柄后端，使钳口开闭，钳口前端主要用于夹持各种零件，根部的刃口可用来切割细导线。当钢丝钳切断较硬的钢丝等物体时，禁止使用锤子击打钳子来增加剪切力，这样会损坏钢丝钳。

2）尖嘴钳

尖嘴钳的结构如图3-22所示，钳口长而细，特别适合在狭窄空间内使用。当在狭窄的空间中钢丝钳无法满足工作条件时，可用尖嘴钳代替，如图3-23所示。

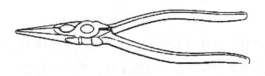

图3-22 尖嘴钳的结构

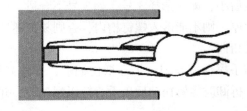

图3-23 尖嘴钳的作用

严禁对尖嘴钳的钳头部位施加过大的压力，否则会使尖嘴钳的钳口尖部扩张成U形。

3）鲤鱼钳

鲤鱼钳也称鱼嘴钳，主要用于夹持、弯曲和扭转工件。鲤鱼钳的手柄一般较长，可通过改变支点上槽孔的位置来调节钳口张开的程度。在用钳子夹持零件前，必须用防护布或其他防护罩遮盖易损坏件（见图3-24），以防止锯齿状钳口对易损件造成伤害。

图3-24 鲤鱼钳使用的注意事项

4）斜口钳

斜口钳也叫作剪钳，主要用于切割金属丝或导线。斜口钳的钳口有刃口，而且尖部为圆形，不具备夹持零件的作用，只能用于切割金属丝或导线。

斜口钳可以剪切钢丝钳和尖嘴钳都不能剪切的细导线或线束中的导线，但是严禁用来切割硬的或粗的金属丝，以免损坏刃口。

3. 螺丝刀

螺丝刀俗称改锥或起子，主要用于旋拧小扭矩且头部开有凹槽的螺栓和螺钉。

螺丝刀的类型取决于本身的结构及尖部的形状，常用的有一字螺丝刀和十字螺丝刀。一字螺丝刀用于旋拧单字槽头的螺钉，十字螺丝刀用于旋拧十字槽头的螺钉，如图 3 – 25 所示。

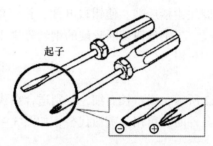

图 3 – 25　螺丝刀的外形结构

尖部形状相同的螺丝刀，尺寸也不完全一样。在汽车维修中经常用到头部尺寸是 2 号的螺丝刀，但也有更大一点的 3 号和更小一点的 1 号，甚至还有更小的微型螺丝刀。

选用螺丝刀时，应先保证螺丝刀头部的尺寸与螺钉的槽部形状完全配合，选用不当会损坏螺丝刀。选用时应先大后小，即先选择 3 号，如 3 号不合适，再依次选择 2 号、1 号。

如果螺丝刀的头部太厚，则不能落入螺钉槽内，否则易损坏螺钉槽；如果螺丝刀的头部太薄，则使用时头部容易扭曲。

使用螺丝刀时，应右手握住螺丝刀，手心抵住柄端，螺丝刀与螺钉的轴心必须保持同轴，压紧后用手腕扭转，拆卸时螺钉松动后用手心轻压螺丝刀，并用拇指、食指和中指快速旋转手柄，如图 3 – 26 所示。

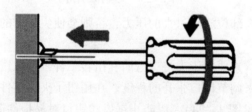

图 3 – 26　螺丝刀的正确使用方法

另外，在使用过程中，要尽量避免将螺丝刀当撬棒使用，否则会造成螺丝刀弯曲甚至断裂。禁止将普通螺丝刀当作錾子使用（通心式螺丝刀除外），否则会造成头部缩进手柄内或断裂、缺口。

二、常用测量工具的使用

1. 游标卡尺

1）概述

游标卡尺又称四用游标卡尺,简称卡尺,是由刻度尺和卡尺组合而成的精密测量仪器,如图 3-27 所示,其能从事长度、外径、内径及深度的测量。在汽车维修工作中,0.02 mm 精度的游标卡尺使用最多。

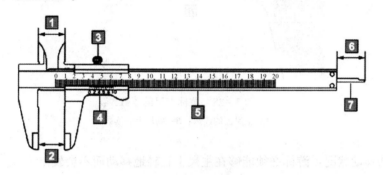

图 3-27 游标卡尺的结构

1—测量爪内径;2—测量爪外径;3—止动螺钉;4—游标尺刻度;5—主要刻度;6—深度测量;7—深度尺

游标卡尺根据最小刻度的不同可分为 0.05 mm 和 0.02 mm 两种。若游标卡尺上有 50 个刻度,则每刻度表示 0.02 mm;若游标卡尺上有 20 个刻度,则每刻度表示 0.05 mm。

有些游标卡尺使用电子读数显示小数部分,这种标尺的测量精度可达到 0.005 mm 或 0.001 mm。

常用的游标卡尺的测量范围为 0~150 mm,应根据所测零部件的精度要求选用合适规格的游标卡尺。

游标尺刻度是将 49 mm 平均分为 50 等份。主刻度尺是以毫米来划分刻度的,即将 1 cm 平均分为 10 个刻度;在厘米刻度线上标有数字 1、2、3 等,表示为 1 cm、2 cm、3 cm 等。

2）游标卡尺的读数

如图 3-28 所示游标卡尺,读数时首先读出游标零线左边与主刻度尺身相邻的第一条刻线的整毫米数,即测得尺寸的整数值,主尺上的读数为 45.00 mm。再读出游标尺上与主刻度尺刻度线对齐的那一条刻度线所表示的数值,即测量值的小数,副尺上的读数为 0.25 mm。

把从尺身上读得的整毫米数和从游标尺上读得的毫米小数加起来即测得的实际尺寸,即:45 + 0.25 = 45.25(mm)。

3）游标卡尺的使用

(1) 使用前的检查。

使用游标卡尺时应先依照下列事项逐一检查:

①测定量爪的密合状态:主、副尺的量爪必须完全密合。用量爪在密合状态下能够看到少许光线表示密合良好;反之,如果穿透光线很多,则表示量爪密合不佳。

②零点校正:当量爪密切结合后,主、副尺零点必须相互一致。

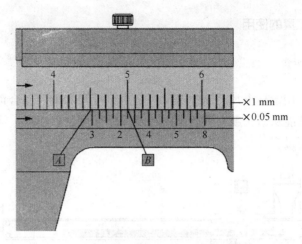

图 3 – 28 游标卡尺的读数
A—主尺上的读数；B—副尺上的读数

③游标的移动状况：游标必须能够在主尺上轻轻地移动而不会发出声音。

（2）测量操作。

在从事测量作业之前，必须事先清理测量零件及游标卡尺。在测量外径时，需要将零件深夹在量爪中，如图 3 – 29 所示，然后用右手拇指轻压游标卡尺，同时使测定工件和游标卡尺保持垂直状态。

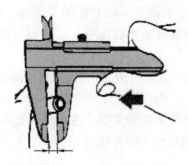

图 3 – 29 零件外径测量方法

内径尺寸的测量如图 3 – 30 所示，首先是用拇指轻轻拉开副尺，并使主尺量爪与测定物件保持正确的接触，上下晃动，由指示的最大尺寸读取读数。

图 3 – 30 零件内径测量方法

此外，用游标卡尺还可以测量汽车零部件的深度。

4）游标卡尺的维护注意事项

游标卡尺是一种精密的测量工具，若要保持很好的精度，则应小心轻放并妥善保存。

测量前，应将游标卡尺清理干净，并将两量爪合并，检查游标卡尺的精度情况。在使用之前，应清除灰尘和杂物。读数时，要正对游标刻度，看准对齐的刻线，且目光不能斜视，以减小读数误差。

游标卡尺用完后，应清除污垢并涂上防锈油，将其放回盒子里并放在不受冲击及不易掉下的地方保存。

2. 外径千分尺

1）概述

千分尺也称为螺旋测微器，它是利用螺纹节距来测量长度的精密测量仪器，可以用于测量加工精度要求较高的零部件。在汽车维修工作中一般使用可以测至 1/100 mm 的千分尺，即其测量精度可达 0.01 mm。

外径千分尺是用于外径宽度测量的千分尺，测量范围一般为 0～25 mm。根据所测零部件外径的粗细不同，可选用测量范围为 0～25 mm、50～75 mm、75～100 mm 等多种规格的千分尺，如图 3-31 所示。

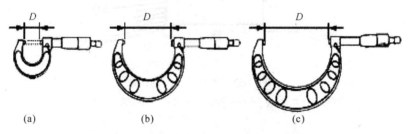

图 3-31 大小不同测量范围的外径千分尺

(a) $D = 0 \sim 25$ mm；(b) $D = 0 \sim 75$ mm；(c) $D = 75 \sim 100$ mm

外径千分尺的构造如图 3-32 所示，主要由测砧、测微螺杆、尺架、固定套筒、套管、棘轮旋钮及锁紧装置等部件组成。

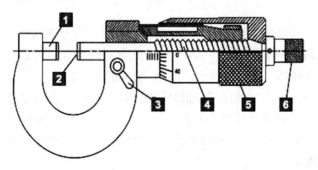

图 3-32 外径千分尺的结构和组成

1—测砧；2—轴；3—锁销；4—螺钉；5—套筒；6—棘轮定位器

固定套筒上刻有刻度，测轴每转动一周即可沿轴方向前进或后退 0.5 mm。活动套管的外圆上刻有 50 等份的刻度,在读数时每等份为 0.01 mm。

棘轮旋钮的作用是保证测轴的测定压力,当测定压力达到一定值时,限荷棘轮便会空转。如果测定压力不固定,则无法测得正确尺寸。

2) 外径千分尺的读数

套筒刻度可以精确到 0.5 mm(可以读至 0.5 mm),由此以下的刻度则要根据套筒基准线和套管刻度的对齐线来读取读数。

如图 3-33 所示,套筒上"A"的读数为 55.50 mm,套管"B"上 0.45 mm 的刻度线对齐基准线,因此读数是:55.50 mm + 0.45 mm = 55.95 mm。

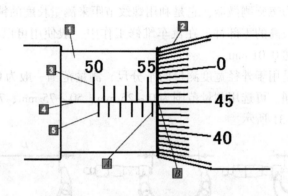

图 3-33 外径千分尺的读数
1—套筒;2—套管;3—1 mm 递增;4—套管上的基线;5—0.5 mm 递增

为便于读取套筒上的读数,基准线的上下两方各刻有刻度。

千分尺属于精密的测量仪器,故在测量时应注意以下事项:

(1) 使用前确保零点校正,若有误差,则用调整扳手调整或用测定值减去误差。

(2) 被测部位及千分尺必须保持清洁,若有油污或灰尘须立即擦拭干净。

(3) 测量时应将被测面轻轻顶住砧子,并转动限荷棘轮及套筒使测轴前进,不可直接转动活动套管。

(4) 测定时应尽可能握住千分尺的弓架部分,同时要注意不可碰及砧子。

(5) 旋转后端限荷棘轮,使两个砧端夹住被测部件,然后再旋转限荷棘轮一圈左右,当听到发出两三响"咔咔"声后,就会产生适当的测定压力。

(6) 为防止因视差而产生的误读,最好让眼睛视线与基准线成直角后再读取读数。

(7) 当测量活塞、曲轴轴径之类的圆周直径时,必须保证测轴轴线与最大轴径保持一致(即测试处为轴径最大处)。从横向来看,测轴应与检测部件中心线垂直,只有这样才能保证测试数据正确无误。

3) 外径千分尺的使用及维护注意事项

(1) 使用时应避免掉落地面或遭受撞击,如果不小心落地,则应立刻检查并做适当处理。

(2) 严禁将外径千分尺放置在污垢或灰尘很多的地点,并且要在使用后将测砧和测轴的测定面分离后再放置。

（3）为防止生锈，使用后须立即擦拭并涂上一层防锈油。保存时应先放置于储存盒内，再置于湿度低、无振动的地方保存。

3. 百分表

百分表是利用指针和刻度将心轴移动量放大来表示测量尺寸的，主要用于测量工件的尺寸误差及配合间隙。

一般汽车修理厂采用最小刻度为 1/100 mm 的百分表居多，同时百分表可以和夹具配合使用。

1）测量头的种类

百分表的测量头包括 4 种类型，如图 3-34 所示，分别为长型，适合在有限空间中使用；辊子型，用于轮胎的凸面/凹面测量；杠杆型，用于测量不能直接接触的部件；平板型，用于测量活塞突出部分等。

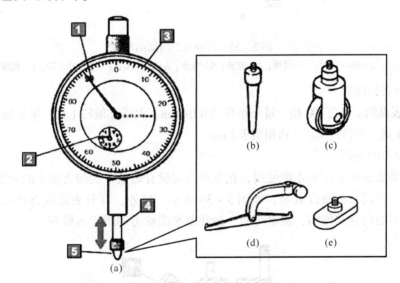

图 3-34　百分表的外形和测量头的类型

1—长指针；2—短指针；3—表盘；4—轴；5—悬挂式测量头

(a) 百分表的外形；(b) 长型测量头；(c) 滚子型测量头；(d) 杠杆型测量头；(e) 平板型测量头

2）百分表的结构

百分表主要是由尺条和小齿轮装配而成的，其工作原理是：利用尺条和小齿轮将心轴的移动量放大，再由指针的转动来读取测定数值。图 3-35 所示为百分表的内部结构及原理示意图。

百分表是利用指针和刻度将心轴移动量放大来表示测量尺寸的，主要用于测量工件的尺寸误差及配合间隙。测量头和心轴的移动量带动第一小齿轮转动，再利用同轴上的动齿轮传递给第二小齿轮转动，于是装置在第二小齿轮上的指针即能放大心轴的移动量而显示在刻度盘上。由于长针每一个回转相当于 1 mm 的移动量，将刻度盘分刻 100 等份，所以测定的移动量可精确到 1/100 mm。

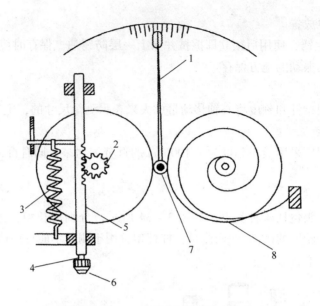

图 3-35 百分表的内部结构

1—指针；2—第一齿轮；3—线圈；4—弹簧；5—齿条；6—测量头；7—第二小齿轮；8—螺旋弹簧

3) 百分表的读数

百分表表盘刻度分为 100 格，量头每移动 0.01 mm，大指针偏转 1 格；量头每移动 1.0 mm，大指针偏转 1 周。小指针偏转 1 格相当于 1 mm。

4) 百分表的使用

百分表要装设在支座上才能使用，在支座内部设有磁铁，旋转支座上的旋钮使表座吸附在工具台上，因而又称磁性表座，如图 3-36 所示。此外，百分表还可以和夹具、V 形槽、检测平板和顶心台合并使用，从事弯曲、振动及平面状态的测定或检查。

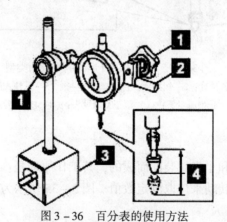

图 3-36 百分表的使用方法

1—止动螺钉；2—臂；3—磁性支架；4—量程中心

5) 百分表的使用维护注意事项

(1) 百分表内部构造和钟表相类似，应避免摔落或遭受强烈撞击。

(2) 心轴上不可涂抹机油或油脂。如果心轴上沾有油污或灰尘而导致心轴无法平滑移动时，应使百分表保持垂直状态，再将套筒浸泡在品质极佳的汽油内浸至中央部位，来回移动数次后再用干净的抹布擦拭,即能恢复至原来平滑的情况。

6) 百分表的保存

(1) 为防止生锈,百分表使用后应立即擦拭并涂上一层防锈油。

(2) 定期检查百分表的精密度。

(3) 收藏时先将百分表放在工具盒内,再放置在湿度低、无振动的库房内。

4. 量缸表

量缸表也叫内径百分表,是利用百分表制成的测量仪器,也是用于测量孔径的比较性测量工具。在汽车维修中,量缸表通常用于测量气缸的磨耗量及内径。

1) 量缸表的结构

量缸表主要包括百分表、表杆、替换杆件和替换杆件紧固螺钉等。

2) 量缸表的使用

(1) 使用游标卡尺测量缸径并获得基本尺寸,如图3-37所示,利用这些尺寸作为选择合适杆件的参考。

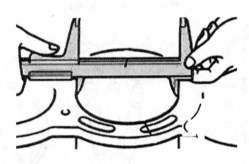

图3-37 使用卡尺获得缸径基本尺寸

(2) 量缸表需要经过装配才能使用。首先根据所测缸径的基本尺寸选用合适的替换杆件和调整垫圈,使量杆长度比缸径大 0.5~1.0 mm。替换杆件和垫圈都标有尺寸,根据缸径尺寸可任意组合。量缸表的杆件除有垫片调整式外,还有螺旋杆调整式。无论哪种类型,只要将杆件的总长度调整至比所测缸径大 0.5~1.0 mm 即可。

(3) 将百分表插入表杆上部,预先压紧 0.5~1.0 mm 后固定。

(4) 为了便于读数,百分表表盘方向应与接杆方向平行或垂直。

(5) 将外径千分尺调至所测缸径尺寸,并将千分尺固定在专用固定夹上,对量缸表进行校零,当大表针逆时针转动到最大值时,旋转百分表表盘使表盘上的零刻度线与其对齐,如图3-38所示。

3) 缸径测量

(1) 慢慢地将导向板端(活动端)倾斜,使其先进入气缸内,然后再使替换杆件端进入。导向板的两个支脚要和气缸壁紧密配合,如图3-39所示。

(2) 在测定位置维持导向板不动,而使替换杆件的前端做上下移动,并观测指针的移动量,当量缸表的读数最小且量缸表和气缸成真正直角时,再读取数据。

(3) 读数最小即表针顺时针转至最大时,在测量位置方面需参考维修手册。

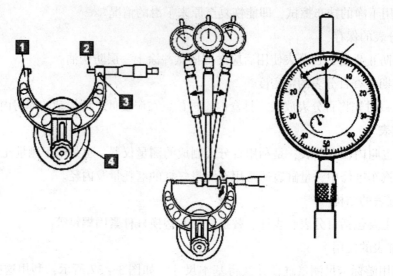

图 3-38 量缸表的调教
1—外径千分尺；2—轴；3—夹；4—支架

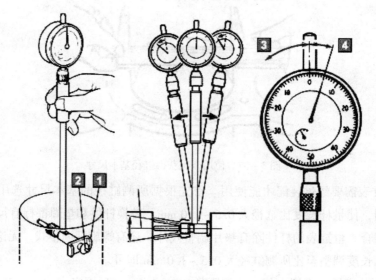

图 3-39 缸径的测量
1—导板；2—探头；3—延长侧；4—收缩侧

5. 卡规

在测量内径很小的配件时，如气门导管等部位，则需要另一种类似于量缸表的量具——卡规，如图 3-40 所示。

在使用卡规时，应将测量端压缩放入被测物体内，其读数与缸径表相同；当移动吊耳移动 2 mm 时，则长指针转动一圈的测量精度为 0.01 mm。

6. 厚薄规

厚薄规又称塞尺或间隙片，如图 3-41 所示。其是一组淬硬的钢条或刀片，这些淬硬钢条或刀片被研磨或滚压成精确的厚度，且通常都是成套供应。

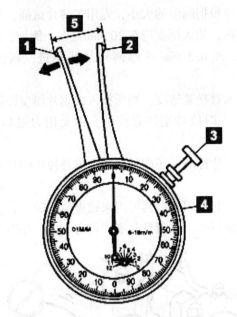

图 3-40 卡规的结构

1—可移动吊耳；2—固定吊耳；3—移动钮（打开、关闭可移动吊耳）；4—表盘；5—内径

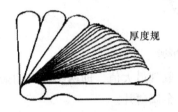
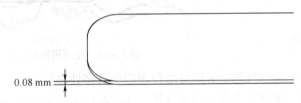

图 3-41 厚薄规及其规格

每条钢片均标有厚度（单位为 mm），它们可以单独使用，也可以将两片或多片组合在一起使用，以便获得所要求的厚度，其最薄的一片可以达到 0.02 mm。常用厚薄规长度有 50 mm、100 mm 和 200 mm。

在汽车维修工作中，厚薄规主要用于测量气门间隙、触点间隙和一些接触面的平直度等，如图 3-42 所示。

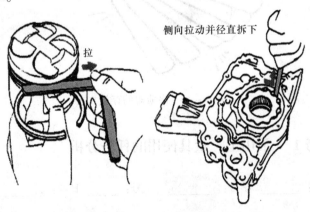

图 3-42 厚薄规的使用

使用厚薄规测量时，应根据间隙的大小，先用较薄片试插，然后逐步加厚，可以一片或数片重叠在一起插入间隙内，插入深度应在 20 mm 左右。例如，用 0.2 mm 的厚薄规片刚好能插入两工件的缝隙中，而 0.3 mm 的厚薄规片插不进，则说明两工件的结合间隙为 0.2 mm。

测量时，必须平整插入且松紧适度，则所插入的钢片厚度即间隙尺寸。严禁将钢片用大力强行插入缝隙测量。插入时应特别注意前端，不要用力过猛，否则容易折损或弯曲厚薄规。

使用厚薄规前必须将钢片擦净，还应尽量减少重叠使用的片数，因为片数重叠过多会增加误差。

当厚薄规同一把直尺一起使用时，其可用来检查零件的平直度，如气缸盖的平直度。由于厚薄规很薄，容易弯曲或折断，故测量时不能用力太大，如图 3-43 所示。

图 3-43 厚薄规使用的注意事项

用薄厚规测量时应对结合面的全长多处进行检查，并取其最大值，即两结合面的最大间隙量。测量后应及时将测量片合到夹板中去，以免损伤各金属薄片。

厚薄规上不得有污垢、锈蚀及杂物；厚薄规使用完毕后要将测量面擦拭干净，并涂油，如图 3-44 所示。已发现有折损或标示刻度已经模糊不清的厚薄规应该立即予以更新。

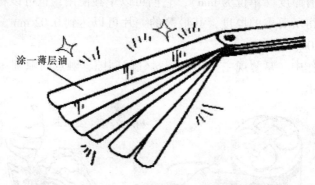

图 3-44 厚薄规的存放方法

❀ 工作任务 1　常用工、量具使用的任务分析

班级：_____　姓名：_____　学号：_____　工号：_____　日期：_____　测评等级：_____

一、工作与学习目标

（1）能认识和使用工、量具。
（2）能对工、量具进行维护与保养。

二、工作过程及学习记录

1. 任务1"查找维修手册并写出发动机曲轴拆装顺序"

1）曲轴飞轮组拆卸

（1）将气缸体倒置在工作台上，旋松_____，拆卸飞轮（飞轮较重，拆卸时应注意安全）。

（2）拆卸正时链轮，首先松开_____，取下链轮时应注意链轮上的正时标志和传动方向。

（3）拆卸曲轴前端及后端密封凸缘及油封。

（4）拆下曲轴主轴承盖紧固螺栓，不能_____拧松，必须分次从两端到中间逐步拧松，取下主轴承盖。

注意：各缸主轴承盖有装配标记，不同缸的主轴承盖及轴瓦不能互相调换。

（5）拆下曲轴，再将主轴承盖及垫片按原位装回，并将固定螺钉拧入_____。

注意：曲轴推力轴承的定位及开口的安装方向。

2）曲轴飞轮组的装配

（1）安装前应全面清洗发动机零部件，尤其是相互配合的运动件表面应保持清洁，并涂抹润滑油。

（2）安装顺序一般与拆卸顺序_____，由内向外进行。

（3）各配对的零部件不能互相调换，安装方向及各零部件相对装配关系应保持正确。

（4）各紧固螺钉应_____。

2. 根据任务1选择表3-1中的工具填入表3-2中

表3-1 汽车维修工具

编号	图示	名称	编号	图示	名称
1		螺丝刀	2		内六角
3		开口扳手	4		梅花扳手

续表

编号	图示	名称	编号	图示	名称
5		套筒扳手	6	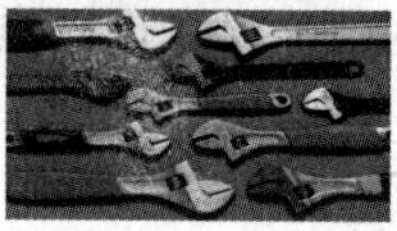	活动扳手
7	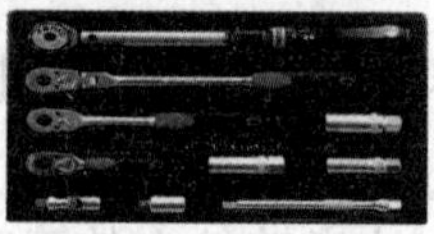	棘轮扳手	8		斜口钳
9		尖嘴钳	10		卡簧钳
11	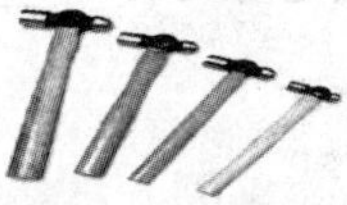	手锤	12		扭力扳手
13	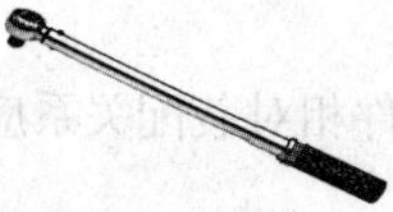	预置力扳手	14		拉器

表3-2 发动机曲轴拆装作业所用工具

所用工具编号	使用方法	注意事项	所拆装零部件名称

3. 根据任务 1 选择表 3-3 中合适的量具填入表 3-4 中

表 3-3 汽车维修量具

编号	图示	名称	编号	图示	名称
1	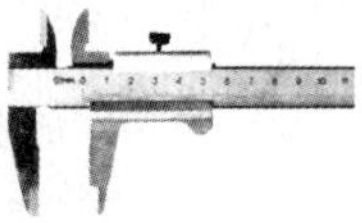	游标卡尺	2		千分尺
3		百分表	4	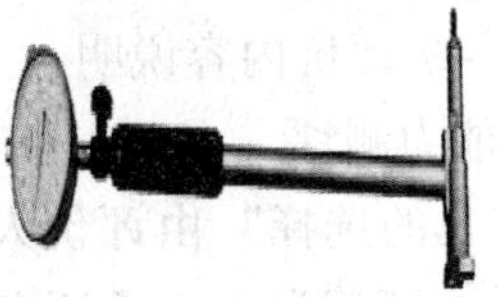	量缸表

表 3-4 发动机曲轴拆装所用量具

所用量具编号	使用方法	注意事项	所测量零部件名称

4. 根据任务 1 中的发动机查找维修手册并填写表 3-5

表 3-5 曲轴主轴承轴颈和连杆轴颈的测量   mm

尺寸	曲轴主轴承轴颈		连杆轴颈		圆度	圆柱度
标准尺寸	轴向	轴向				
	径向	径向				

（1）圆度误差：同一断面上测量的最大与最小直径差值的一半，把在所有测量断面上测量到的最大圆度误差作为气缸的圆度误差。
（2）圆柱度误差：在所有测得的断面内所测出的读数中最大与最小直径差值的一半。

5. 根据任务 1 中的发动机查找维修手册并填写表 3-6 中

表 3-6 发动机曲轴拆装各螺栓拧紧力矩

名称	力矩	名称	力矩	名称	力矩
前密封凸缘螺栓		后密封凸缘螺栓		主轴承盖螺栓	
飞轮紧固螺栓		螺塞		脉冲传感器轮螺栓	

三、工作效果评价

1. 自我评价

（1）通过本次学习，我学到的知识点/技能点有：_____
_____。

不理解的有：_____

(2) 我认为在以下方面还需要深化学习并提升岗位能力：_____
_____。

(3) 在本次工作和学习过程中，我的表现可得到：

     □😎   □🙂   □☹️

2. 互相评价

1) 综合能力测评

参阅表 3-7 评价内容说明。

2) 专业能力测评

(1) "工具的选择"由评价人任意指定工具，评价对象说出工具使用方法及注意事项，评价人填写并判断正误，给予评定。

(2) 评价结果全对得😎，错一项得🙂，错两项或以上得☹️。

表 3-7 任务评价表

项目	评价内容	评价等级（学生互评）		
	综合能力测评： 1. 请在对应条目的○内打"√"或"×"，不能确定的条目不填，可以在小组评价时让本组同学讨论并写出结论。 2. 评价结果全对得😎，错一项得🙂，错两项或以上得☹️	😎	🙂	☹️
综合能力测评项目（组内互评）	○按时到场 ○工装齐备 ○书、本、笔齐全 ○安全操作 ○责任心强 ○7S 管理规范 ○学习积极主动 ○合理使用教学资源 ○主动帮助他人 ○接受工作分配 ○有效沟通 ○高效完成工作任务			
专业能力测评项目（组间互评）	圆度圆柱度计算公式			
	量具的使用			
小组评语及建议	他（她）做到了： 他（她）的不足： 给他（她）的建议：	组长签名： 年 月 日		
老师评语及建议		评价等级： 教师签名： 年 月 日		

工作任务 2　常用工、量具的使用方案实施

班级：_____　姓名：_____　学号：_____　工号：_____　日期：_____　测评等级：_____

一、工作与学习目标

（1）能够正确选用工具进行曲轴拆装作业。
（2）能正确选择量具对曲轴进行测量。
（3）能够计算圆度和圆柱度。

二、工作过程及学习记录

1. 根据任务 1 记录曲轴测量相关数据（见表 3-8）

表 3-8　曲轴主轴承轴颈和连杆轴颈的测量　　　　　　　　　　　mm

尺寸	曲轴主轴承轴颈		连杆轴颈		圆度误差	圆柱度误差	修理等级
标准尺寸							
第一次测量尺寸	径向		径向				
	轴向		轴向				
第二次测量尺寸	径向		径向				
	轴向		轴向				
第三次测量尺寸	径向		径向				
	轴向		轴向				

（1）圆度误差：同一断面上测量的最大与最小直径差值的一半，把所有测量断面上测量到的最大圆度误差作为气缸的圆度误差。
（2）圆柱度误差：在所有测得的断面内所测出的读数中最大与最小直径差值的一半。

2. 根据任务 1 中需拧紧的螺栓校正力矩填写实际工作情况表 3-9

表 3-9　发动机曲轴拆装力矩　　　　　　　　　　　N·m

名称	力矩	名称	力矩	名称	力矩
前密封凸缘螺栓		后密封凸缘螺栓		主轴承盖螺栓	
飞轮紧固螺栓		螺塞		脉冲传感器轮螺栓	

三、工作效果评价

1. 自我评价

（1）通过本次学习，我学到的知识点/技能点有：_____
_____。

不理解的有：_____

（2）我认为在以下方面还需要深化学习并提升岗位能力：_____
_____。

（3）在本次工作和学习过程中，我的表现可得到：

   ☐ 😎   ☐ 🙂   ☐ ☹️

2. 互相评价

1）综合能力测评

参阅评价表 3 – 10 内容说明。

2）专业能力测评

（1）"曲轴拆装"由评价人任意指定拆装中某个工序，评价对象指出对应工序的所用工具，评价人填写并判断正误，给予评定。

（2）评价结果全对得 😎，错一项得 🙂，错两项或以上得 ☹️。

表 3 – 10　任务评价表

项　目	评价内容	评价等级（学生互评）		
	综合能力测评： 1. 请在对应条目的○内打"√"或"×"，不能确定的条目不填，可以在小组评价时让本组同学讨论并写出结论。 2. 评价结果全对得 😎，错一项得 🙂，错两项或上得 ☹️	😎	🙂	☹️
综合能力测评项目（组内互评）	○按时到场　○工装齐备　○书、本、笔齐全 ○安全操作　○责任心强　○7S 管理规范 ○学习积极主动　○合理使用教学资源　○主动帮助他人 ○接受工作分配　○有效沟通　○高效完成工作任务			
专业能力测评项目（组间互评）	圆度圆柱度计算			
	修理级别的认定			
小组评语及建议	他（她）做到了： 他（她）的不足： 给他（她）的建议：	组长签名： 年　　月　　日		
老师评语及建议		评价等级： 教师签名： 年　　月　　日		

知识拓展

AJR 发动机曲轴的修理尺寸见表 3–11。

表 3–11　AJR 发动机曲轴的修理尺寸　　　　　　　　　　　　mm

尺寸	曲轴主轴承轴颈		连杆轴颈	
标准尺寸	54.00	−0.022 / −0.042	47.80	−0.022 / −0.042
第一次缩小尺寸	53.75	−0.022 / −0.042	47.55	−0.022 / −0.042
第二次缩小尺寸	53.50	−0.022 / −0.042	47.30	−0.022 / −0.042
第三次缩小尺寸	53.25	−0.022 / −0.042	47.05	−0.022 / −0.042

工作任务 3　常用工、量具的使用完工检验

一、工作与学习目标
(1) 能够按照企业标准对车辆进行检验。
(2) 能够对汽车维修工、量具的使用提出合理化建议。

检验项目	检验结果			备注
	😎	🙂	☹	
曲轴螺栓安装顺序				
零部件安装				
曲轴运转灵活				

二、根据所学知识，提出汽车维修工量具使用时的合理化建议，并进行展示

_____
_____
_____
_____
_____
_____
_____
_____

项目三　练习题

一、填空题

1. 为了使缸盖螺母紧固并符合规定要求，应当选用_____。
2. 使用扳手类工具时应确保工具与_____完全配合，以防止损伤工具、零件或造成人身伤害。
3. 汽车修理过程中经常要用到_____、_____、_____和_____等工具。
4. 用游标卡尺测量零件尺寸时，机件尺寸＝_____＋_____＋_____。
5. 外径千分尺活动套筒的"零"线应与_____的基线对齐。

二、选择题

1. 用游标卡尺测量工件某部位时，卡尺与工件应垂直，并记下（　　）。
   A. 最小尺寸　　　　　　　　B. 最大尺寸
   C. 平均尺寸　　　　　　　　D. 任意尺寸
2. 用游标卡尺测量工件，读数时先读出游标零刻线对应（　　）刻线左边格数多少毫米，再加上游标上的读数。
   A. 尺身　　　　　　　　　　B. 游标
   C. 活动套筒　　　　　　　　D. 固定套筒
3. 利用量缸表可以测量发动机气缸直径、曲轴轴承的圆度和圆柱度，其测量精度为（　　）mm。
   A. 0.05　　　　　　　　　　B. 0.02
   C. 0.01　　　　　　　　　　D. 0.005
4. 用百分表测量工件时，应先校表，使百分表量头（　　）。
   A. 与工件有一微小间隙
   B. 与工件刚接触但指针不偏转
   C. 抵住工件表面使量头产生一定位移，即指针有一定偏转
   D. 与工件可以接触，也可以不接触
5. 用量缸表测量气缸直径，当大指针逆时针转动离开"0"位时，表示气缸直径（　　）标称尺寸的缸径。
   A. 小于　　　　　　　　　　B. 等于
   C. 大于　　　　　　　　　　D. 小于等于

三、判断题

1. 砂轮的旋转方向应使磨屑向下方飞离砂轮。（　　）
2. 千斤顶缺油时，可以用制动液或其他油液代替液压油。（　　）

3. 连杆校验仪能够检验连杆弯曲、扭曲、双重弯曲的程度及方位,但不能校正连杆的弯曲与扭曲。(　　)

4. 在锯削加工中,当工件快要锯断时,锯削速度要慢、压力要轻、行程要短。(　　)

5. 绞削操作时,为保证孔的光洁,应正反向旋转铰刀。(　　)

四、名词解析

1. 圆度与圆柱度。
2. 现场"5S"管理。

五、简答题

1. 简述拆装曲轴注意事项。
2. 简述测量曲轴轴颈要点。
3. 简述预置力扳手使用注意事项。

项目四

汽车维修常用设备和基本检测仪器使用

班级：_____ 姓名：_____ 学号：_____ 工号：_____ 日期：_____ 测评等级：_____

工作任务	汽车维修常用设备和基本检测仪器使用	教学模式	任务驱动和行动导向
建议学时	4学时	教学地点	一体化实训室
任务描述	作为汽车维修专业的学生，要学会正确的使用汽车检测与维修过程中所用到的设备和仪器，并掌握使用方法，现利用车间的设备和仪器进行相关内容的学习		
学习目标	1. 能识别汽车维修常用设备和基本检测仪器； 2. 能规范、安全地使用汽车维修常用设备和常用基本检测仪器； 3. 能正确选用汽车维修常用设备和基本检测仪器； 4. 能够主动获取信息，展示学习成果，对工作过程进行总结与反思，与他人进行有效沟通，团结协作		
学习准备	1. 设备器材 每组配套：安全生产手册、手套、工作服、劳保鞋、世达工具、抹布、车辆、万用表、解码仪、红外测温仪、电烙铁、车轮动平衡机、尾气分析仪、千斤顶、举升机、吊机、虎钳、扒胎机、维修手册、网络资源。 2. 分七组		

小组人员岗位分配表（由组长分配）

工作岗位	时段一 ____年____月____日 ____时____分至____时____分	时段二 ____年____月____日 ____时____分至____时____分
主修人员（1人）		
辅修人员（1人）		
工具管理（1人）		
零件摆放（1人）		
安全监督（1人）		
质量检验（1人）		
7S监督（2~4人）		

一、数字式万用表

数字万用表可用来测量交直流电压、交直流电流、电阻、电容和频率等。操作面板如图4-1所示,其使用要点如下。

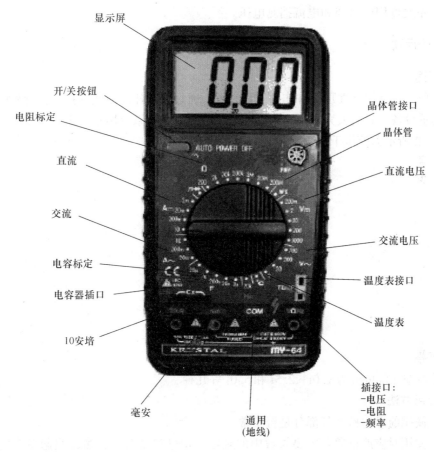

图4-1 数字万用表

1. 用途

数字式万用表是一种多功能、多量程的测量仪表,可测量直流电流、直流电压、交流电流、交流电压、电阻和音频电平,还可以测量交流电流、电容量、电感量及半导体的一些参数(如β)。

2. 种类

数字式万用表包括指针式万用表和数字式万用表。

3. 使用方法

(1) 使用前,应认真阅读相关使用说明书,熟悉刀盘、按钮和插孔的作用。

(2) 将刀盘拨离"OFF"位置,即开机。

(3) 基本测量:根据需要拨到相应位置,并将表笔插入相应的插孔。

（4）将表笔端接入电路，进行测量。

4. 注意事项

（1）注意正确选择量程及红表笔插孔。对未知量进行测量时，应首先把量程调到最大，然后从大向小调，直到合适为此。若显示"1"，则表示过载，应加大量程。

（2）不测量时，应随手关断电源。

（3）改变量程时，表笔应与被测点断开。

（4）测量电流时，切忌过载。

（5）不允许用电阻挡和电流挡测电压。

二、千斤顶

1. 用途

千斤顶是一种用钢性顶举件作为工作装置，通过顶部托座或底部托爪在行程内顶升重物的轻小起重设备。其由人力或电力驱动液压泵，通过液压系统传动，用缸体或活塞作为顶举件，图4-2所示为液压千斤顶。

图4-2 液压千斤顶

2. 规格

千斤顶按吨位可分为1.0t、2.5t和5.0t等几种。

3. 使用方法

（1）使用前必须检查各部分是否正常。

（2）使用时应严格遵守主要参数中的规定，切忌超高超载，否则当起重高度或起重吨位超过规定时，油缸顶部会发生严重泄漏。

（3）如手动泵体的油量不足，则需先向泵中加入经充分过滤后的液压油才能工作。

（4）重物重心要选择适中，并合理选择千斤顶的着力点，底面要垫平，同时要考虑到地面软硬条件（是否要衬垫坚韧的木材，放置是否平稳），以免负重下陷或倾斜。

（5）使用摇臂匀速地给小活塞施加力，严禁使用猛力压摇臂，以免引起泄压工件落地伤人。

（6）使用时支撑活塞露出部分不得超过总长的四分之三。

（7）泄压的时候必须保证工件能安全着地时才可泄压。

4. 注意事项

（1）使用时如出现空打现象，则可先放松泵体上的放油螺钉，将泵体垂直起来头向下空打几下，然后旋紧放油螺钉，即可继续使用。

（2）在有载荷时，切忌将快速接头卸下，以免发生事故及损坏机件。

（3）必须做好油及机具的保养工作，以免淤塞或漏油，影响使用效果。

（4）新的或久置的油压千斤顶，因油缸内存有较多空气，开始使用时，活塞杆可能出现微小的突跳现象，故可将油压千斤顶空载往复运动2～3次，以排除腔内的空气。长期闲置的千斤顶，由于密封件长期不工作会造成密封件硬化，从而影响油压千斤顶的使用寿命，所以油压千斤顶在不用时，每月要将其空载往复运动2～3次。

（5）因千斤顶起重行程较小，故用户使用时不可超过额定行程，以免损坏千斤顶。

（6）使用过程中应避免千斤顶剧烈振动。

（7）使用千斤顶支撑以后必须加安全三角支架（马登）等有效措施。

（8）泄压时不得快速拧松放油螺栓。

（9）不适宜在有酸、碱及腐蚀性气体的工作场所使用。

（10）用户要根据使用情况定期检查和保养。

三、探测仪（见图4-3）

1. 用途

探测仪主要用于检查设备内部不能够直接看见的部件或难以看见的部件，还可以用来取出掉在角落或者狭小空间很难取出的螺丝以及其他铁部件。

2. 使用方法

（1）当用来检测设备时，只要将小镜子安装到连杆上，然后伸长拉伸式连杆调节杆到合适长度。

（2）用电筒照射检测部位，并移动小镜子，从镜中观测。

（3）吸小的铁部件时，将小磁铁安装到连杆上，拉伸连杆移动到部件位置，吸取部件。

3. 注意事项

（1）要保持镜面干净。

（2）不要经常伸缩连杆。

图4-3 探测仪

四、红外测温仪（见图4-4）

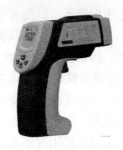

图4-4 红外测温仪

1. 用途

红外测温仪主要用于进行非接触测温。

2. 种类

红外测温仪的类别主要有人用红外测温仪、工业红外测温仪和兽用红外测温仪等。

3. 使用方法

（1）根据被测物体设置合适的辐射频率。

（2）将测温枪对准被测物体，然后扣动扳机。

（3）读出LED显示屏上的温度值。

（4）对一个位置进行多次测量，或者对不同位置进行取点测量来减小误差。

4. 注意事项

（1）只测量表面温度。

（2）不能透过玻璃进行测温；不用于光亮的或抛光的金属表面的测温。

（3）发现热点，仪器瞄准目标，然后在目标上做上下扫描运动，直至确定热点为止。

五、钳形表（见图4-5）。

图4-5 钳形表

1. 用途

钳形表在不断开电路的情况下就可直接测量电路中电流。

2. 种类

磁电式（公频交流）和电磁式（交直流）。

3. 使用方法

（1）测量前机械调零。

（2）选择合适的量程，先选大量程后选小量程。

（3）张开钳口将被测导线放在钳口中央。

（4）读出显示屏上的电流值。

4. 注意事项

（1）被测线路的电压要低于钳表的额定电压。

（2）测高压线路的电流时，要戴绝缘手套、穿绝缘鞋，并站在绝缘垫上。

（3）钳口要闭合紧密，不能带电换量程。

六、电压调节器（见图4-6）

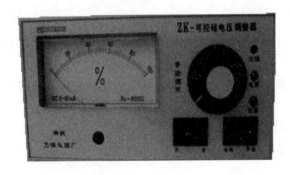

图4-6 电压调节器

1. 用途

电压调节器一般用在发电机和用电设备之间，以使电压在一定范围内波动。

2. 种类

触点式电压调节器、晶体管调节器、集成电路调节器和电脑控制调节器。

3. 使用方法

（1）使用前先调整输入电压范围（110 V或220 V）。

（2）接通输入电源，打开前面板的开关。

（3）在输出端选择所要使用的电压并将用电设备连接到输出端。

4. 注意事项

该电压调节器的输入端有两个拨动开关用于选择输入电压，在接入电源时要注意开关的选择，不能够选择110 V时接220 V的电压，输出端也要注意电压的选择。

七、曲尺（见图4-7）

图4-7 曲尺

1. 用途

曲尺是指古代和近代民间木工用以求直角的尺，用木材或金属制成，纵向长，横向短，长度比例通常为4∶3，横向尺上刻尺度，也有的纵、横两向尺上均刻尺度，用以测定直角和度量尺寸。

2. 使用方法

（1）测量垂直度时通过将曲尺较短的一端紧靠地面、较长的一端紧靠背侧面来检测垂直度。

（2）测量水平或者竖直的距离时，紧贴两垂直面，根据读数即可测量距离。

3. 注意事项

测量垂直度时必须保证另一端完全水平。

八、角度尺（见图4-8）

图4-8 角度尺

1. 用途

角度尺主要在空间定位时用来测量空间角度。

2. 种类

数字式角度仪和指针式角度仪。

3. 使用方法

（1）使用前，先将万能角度尺擦拭干净，再检查各部件的相互作用是否移动平稳可靠、止动后的读数是否不动，然后对零位。

（2）将角尺的一端吸附在铁质部件上，则会显示对应角度值。

（3）如果测量非铁性部件角度，则用手将角度仪一端紧贴在被测部件表面，即可显示对应角度值。

4. 注意事项

（1）数显角度尺属精密量具，使用时应防止撞击、跌落，以免失去精度。

（2）应保持清洁，避免水、油等液态物质渗入数显表内影响正常使用。

（3）不得使用丙酮等有机溶剂擦拭。

九、水平仪（见图4-9）

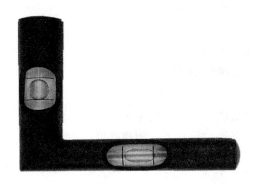

图4-9 水平仪

1. 用途

水平仪是一种用于测量小角度的常用量具。在机械行业和仪表制造中，水平仪常用于测量相对于水平位置的倾斜角、机床类设备导轨的平面度和直线度、设备安装的水平位置和垂直位置等。

2. 种类

（1）按外形：框式水平仪和尺式水平仪。

（2）按固定方式：可调式水平仪和不可调式水平仪。

3. 使用方法

（1）将水平仪放在被测物体表面的中心部位。

（2）待气泡稳定后，查看气泡是否在水平仪中央。

（3）如果气泡在中央，则水平度良好；否则气泡偏向的那一侧位置偏高。

4. 注意事项

（1）测量前应认真清洗测量面并擦干。

（2）检查零位是否准确，如不准，则可通过可调式水平仪进行调整。

（3）测量时应尽量避免温度的影响。水准器内液体对温度影响变化较大。

（4）使用中应在垂直水准器的位置上进行读数，以减少视差对测量结果的影响。

十、电烙铁（见图4-10）

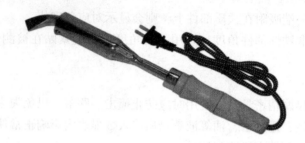

图4-10 电烙铁

1. 用途

电烙铁是电子制作和电器维修的必需工具，主要用途是焊接元件及导线。

2. 种类

（1）按结构：内热式和外热式。

（2）按功能：焊接用和吸锡用。

3. 使用方法

（1）检查烙铁头是否松动、电源插头是否损坏。

（2）接通电源，打开烙铁加热开关，预热烙铁。

（3）预热一段时间后，烙铁头蘸上松香和焊锡进行焊接。

4. 注意事项

（1）电烙铁使用前应检查使用电压是否与电烙铁标称电压相符。

（2）电烙铁使用前要上锡。

（3）电烙铁通电后不能任意敲击。

（4）长时间不用时要切断电源。

（5）焊接时烙铁不要对着有人的地方，以免伤人。

十一、举升机（见图4-11）

图4-11 举升机

1. 用途

将车辆抬高以便技术员能在车下以舒适的姿势工作。

2. 分类

板条型、摆臂型和围框提升型。

3. 注意事项

（1）使用前应清除举升机附近妨碍作业的器具及杂物，并检查操作系统是否正常。

（2）操作机构应灵敏有效，液压系统不允许有爬行现象。

（3）支车时，四个支角应在同一平面上，调整支角胶垫高度，使其接触车辆底盘支撑部位。

（4）支车时，车辆不可支得过高，支起后四个托架要锁紧。

（5）待举升车辆驶入后，应将举升机支撑块进行调整，以使其对正该车型规定的举升点。

（6）举升时人员应离开车辆，举升到需要高度时，必须插入保险锁销，并确保安全可靠后才可开始车底作业。

（7）除低保及小修项目外，其他烦琐笨重作业不得在举升器上操作。

（8）举升器不得频繁起落。

（9）支车时举升要稳、降落要慢。

（10）有人作业时严禁升降举升机。

（11）若发现操作机构不灵、电功机不同步、托架不平或液压部分漏油，则应及时报修，不得带病操作。

（12）作业完毕后应清除杂物，并打扫举升机周围，以保持场地整洁。

（13）定期排除举升机油缸积水，并检查油量，油量不足应及时加注相同牌号的压力油。同时应检查润滑及举升机传动齿轮。

十二、安全三脚支架（见图 4-12）

图 4-12 安全三脚支架

1. 用途

用千斤顶举升车辆，通过改变销的位置来调整高度。

2. 注意事项

（1）在顶升前，要检查修理手册中说明的车辆举升点和安全三脚支架的支撑点。

（2）确保安全三脚支架调到相同高度，并将其放在车辆附近。

（3）将车轮挡块放在左前轮胎和右前轮胎的前面（若车辆从后面顶升）。

工作任务1 汽车维修常用设备和基本检测仪器使用的任务分析

一、工作与学习目标

（1）能正确选用拆装设备及工具。
（2）熟知汽修设备使用注意事项。

二、工作过程及学习记录

1. 列举安全生产的注意事项

_____
_____
_____
_____

2. 填写表4－1悬臂式举升机操作要领

表4－1 悬臂式举升机操作要领

车辆摆放要求	图示	注意事项
（1）把车辆置于举升器中心。 （2）_____	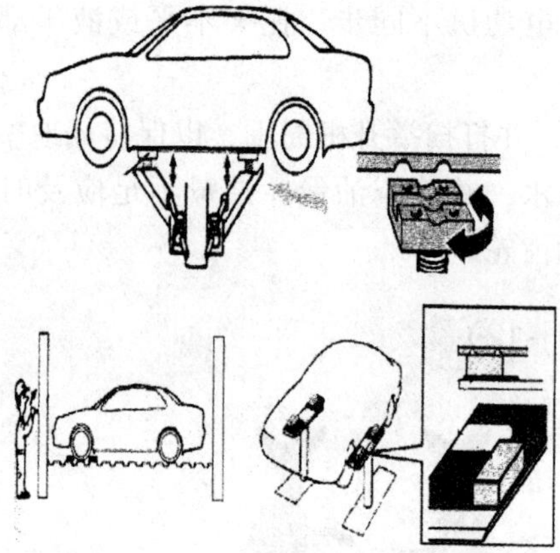	（1）调整支架直到车辆保持水平为止。 （2）_____。 （3）_____。 （4）_____。
上下升降要求	图示	注意事项
（1）在抬升和降下举升器前要先全面检查，并向其他人发出举升器即将起动的信号。 （2）_____		（1）将所有的行李从车上搬出并提升空车。 （2）检查现场，以保证除支撑部件外没有其他部件。 （3）_____。 （4）_____。 （5）_____。

续表

举升后的要求	图示	注意事项
（1）_____。 （2）_____		（1）_____。 （2）_____

3. 填写表 4-2 千斤顶使用要领

表 4-2　千斤顶使用要领

车辆举升要求	图示	注意事项
（1）将释放把手拧紧。 （2）_____	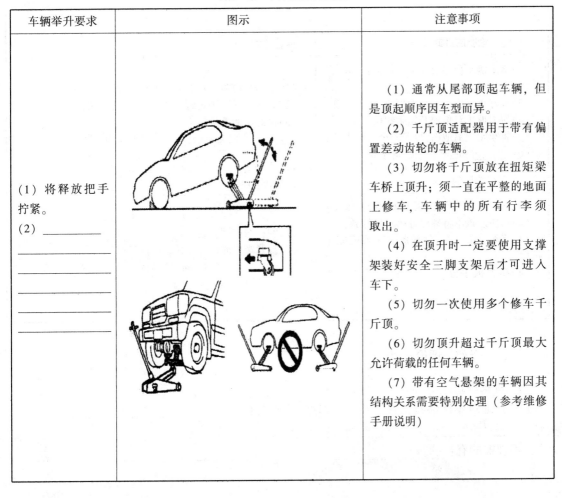	（1）通常从尾部顶起车辆，但是顶起顺序因车型而异。 （2）千斤顶适配器用于带有偏置差动齿轮的车辆。 （3）切勿将千斤顶放在扭矩梁车桥上顶升；须一直在平整的地面上修车，车辆中的所有行李须取出。 （4）在顶升时一定要使用支撑架装好安全三脚支架后才可进入车下。 （5）切勿一次使用多个修车千斤顶。 （6）切勿顶升超过千斤顶最大允许荷载的任何车辆。 （7）带有空气悬架的车辆因其结构关系需要特别处理（参考维修手册说明）

续表

车辆下降要求	图示	注意事项
(1) 把修车千斤顶放在规定位置,举升车辆,注意其方向。 (2) _____。 (3) 缓慢释放把手并轻轻地放下手柄。 (4) _____。	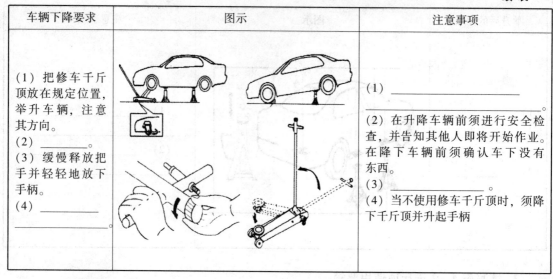	(1) _____。 (2) 在升降车辆前须进行安全检查,并告知其他人即将开始作业。在降下车辆前须确认车下没有东西。 (3) _____。 (4) 当不使用修车千斤顶时,须降下千斤顶并升起手柄

4. 填写表 4-3

表 4-3 拆装车轮作业表

作业顺序	注意事项
一、汽车轮胎的拆卸步骤	拆装注意事项
(1) 将车辆平稳停放入举升机位; (2) 准备好_____、_____等工具; (3) 放好翼子板垫和车轮挡块,拉上手刹; (4) 扭力扳手对角松开轮胎螺栓; (5) 将车轮顶离地面,放置安全三脚支架; (6) _____的松开螺栓,取下轮胎	(1) 举升机应放置在车底两侧的卡槽内; (2) 先略微松开固定螺栓,再分次对角将螺栓旋松; (3) 拆卸轮胎螺栓用力方向: _____方向为旋松;_____方向为旋紧;
二、汽车轮胎的安装	安装注意事项
(1) 固定好轮胎位置,用手将螺栓拧入; (2) 用快速扳手将螺栓分次对角拧紧; (3) 将车子放下来,使轮胎和地面需完全接触; (4) 扭力扳手分_____次对角将螺栓拧紧; (5) _____	(1) 螺栓对准螺孔旋入; (2) 拧紧螺栓时注意对角,并分批次拧紧: 第一次_____ N·m,第二次_____ N·m,第三次_____ N·m

三、工作效果评价

1. 自我评价

(1) 通过本次学习,我学到的知识点/技能点有:_____
_____。

不理解的有:_____
_____。

(2) 我认为在以下方面还需要深化学习并提升岗位能力：_____
_____。

(3) 在本次工作和学习过程中，我的表现可得到：

☐ 😎   ☐ 🙂   ☐ ☹️

2. 互相评价

1) 综合能力测评

参阅表 4-4 评价内容说明。

2) 专业能力测评

(1) "举升机操作要领"由评价人任意指定各部件，评价对象指出对应标识的名称，评价人填写并判断正误，给予评定。

(2) 评价结果全对得 😎，错一项得 🙂，错两项或以上得 ☹️。

表 4-4 任务评价表

项 目	评价内容	评价等级（学生互评）		
	综合能力测评： 1. 请在对应条目的○内打"√"或"×"，不能确定的条目不填，可以在小组评价时让本组同学讨论并写出结论。 2. 评价结果全对得 😎，错一项得 🙂，错两项或以上得 ☹️	😎	🙂	☹️
综合能力测评项目（组内互评）	○按时到场　○工装齐备　○书、本、笔齐全 ○安全操作　○责任心强　○7S 管理规范 ○学习积极主动　○合理使用教学资源　○主动帮助他人 ○接受工作分配　○有效沟通　○高效完成工作任务			
专业能力测评项目（组间互评）	举升机操作要领			
	千斤顶操作要领			
小组评语及建议	他（她）做到了： 他（她）的不足： 给他（她）的建议：	组长签名： 年　月　日		
老师评语及建议		评价等级： 教师签名： 年　月　日		

工作任务 2　汽车维修常用设备和基本检测仪器使用的方案实施

班级：_____　姓名：_____　学号：_____　工号：_____　日期：_____　测评等级：_____

一、工作与学习目标

（1）能够根据汽车维修安全作业标准实施作业。

（2）能正确处理突发事故。

（3）能够总结安全作业要领并相互评价。

二、工作过程及学习记录

1. 根据万用表测量单位填写表 4-5 中的测量名称

表 4-5　万用表测量

测量单位	测量名称
V	
Ω	
A	
F	
H_z	
℃	

2. 总结轮胎拆装所用设备与工具的使用要点和注意事项

_____

_____

_____。

3. 总结轮胎拆装的要点

_____

_____

_____。

三、工作效果评价

1. 自我评价

（1）通过本次学习，我学到的知识点/技能点有：_____

_____。

不理解的有：_____。

（2）我认为在以下方面还需要深化学习并提升岗位能力：_____

_____。

(3) 在本次工作和学习过程中，我的表现可得到：

□ 😎   □ 🙂   □ ☹️

2. 互相评价

1) 综合能力测评

参阅表 4-6 评价内容说明。

2) 专业能力测评

(1) "液压千斤顶的使用"由评价人任意指定某车辆将其举升，评价对象指出对应操作工序，评价人填写并判断正误，给予评定。

(2) 评价结果全对得 😎，错一项得 🙂，错两项或以上得 ☹️。

表 4-6　任务评价表

项　目	评价内容	评价等级（学生互评）		
	综合能力测评： 1. 请在对应条目的○内打"√"或"×"，不能确定的条目不填，可以在小组评价时让本组同学讨论并写出结论。 2. 评价结果全对得 😎，错一项得 🙂，错两项或以上得 ☹️	😎	🙂	☹️
综合能力测评项目（组内互评）	○按时到场　　○工装齐备　　○书、本、笔齐全			
	○安全操作　　○责任心强　　○7S 管理规范			
	○学习积极主动 ○合理使用教学资源○主动帮助他人			
	○接受工作分配 ○有效沟通　○高效完成工作任务			
专业能力测评项目（组间互评）	举升机的使用			
	拆装任务完成情况			
小组评语及建议	他（她）做到了： 他（她）的不足： 给他（她）的建议：	组长签名： 年　月　日		
老师评语及建议		评价等级： 教师签名： 年　月　日		

举升机的维护及保养。

1. 安全检查

每月对举升设备进行一次安全检查,检查项目如下:
(1) 钢丝接头是否有毛刺;
(2) 所有螺帽是否有松动;
(3) 线路是否有破损;
(4) 钢丝、滑道是否润滑良好;
(5) 工作小车下立柱内是否有异物;
(6) 上升、下降是否有停不了的现象(行程开关或接触器坏);
(7) 立柱是否倾斜过大;
(8) 工作小车两边高矮是否相差过大。

2. 常用耗品的更换

(1) 每一年半必须更换一次液压油。
(2) 每年必须清洗一次设备各部件,检查有无裂纹及磨损情况,并重新打黄油。
(3) 有裂纹的胶垫一季度更换一次。
(4) 每年将油路浸油的密封圈全都更换。注意:拆油管时先卸油压,然后将工作小车挂在保险上或者放到底。

工作任务3　汽车维修常用设备和基本检测仪器使用的完工检验

一、工作与学习目标
(1) 能够按照企业标准对车辆进行检验。
(2) 能够确认故障并对空气流量传感器的使用提出合理化建议。

检验项目	检验结果			备注
	😎	🙂	☹	
劳动保护用品的使用				
举升机或千斤顶的使用				
拆装工具的使用				
拆装工艺是否正确				
零部件安装是否牢靠				
现场"5S"管理				

续表

二、根据所学知识，提出汽车维修常用设备和检测仪器的使用合理化建议，并进行展示 _____ _____ _____ _____	

项目四　练习题

一、填空题

1. 汽车修理设备停机后，必须把_____、_____和_____关闭。下班时必须把机器的台面及四周擦拭干净，不得有污物，洁净区的设备必须用_____擦拭干净。

2. 使用万用表测量电容时，应该_____后再进行测量。

3. 要严格按照操作规程使用设备，经常_____，发现问题及时处理，自己不能处理的应请维修工检查修理。

4. 严禁设备_____、_____运行。

5. 汽车修理设备要始终处于_____、_____和_____的工作状态。要求每天上班开机前，应检查设备紧固件是否紧固、安全防护装置是否完整。

二、选择题

1. 万用表在不使用时，应将选择旋钮放在（　　）位
   A. 最高挡　　　　　B. Ω 位　　　　　C. A 挡

2. 举升机的液压油必须（　　）更换一次。
   A. 一个月　　　B. 六个月　　　C. 一年　　　D. 两年

3. 选择合适的量程挡位，如果不能确定被测量的电流时，应该选择（　　）去测量。
   A. 任意量程　　　　B. 小量程　　　　C. 大量程

4. 被测线路的电流要（　　）万用表的量程。
A. 低于　　　　　　B. 高于　　　　　　C. 大于

5. 万用表（　　）带电测量电阻，如果测量电容，则应该放电后再进行测量。
A. 不能　　　　　　B. 能　　　　　　　C. A 和 B

三、判断题

1. 汽车停放在举升机上时，必须保证汽车重心与举升机的重心重合。（　　）
2. 千斤顶液压油不可用制动液或其他油液代替。（　　）
3. 拆卸车轮固定螺母的顺序应按照顺时针依次进行。（　　）
4. 使用千斤顶时应严格遵守主要参数中的规定，切忌超高度、超吨位，否则液压千斤顶顶部会发生严重泄漏。（　　）
5. 液压千斤顶将重物顶升后，应及时将重物用安全三脚支架支撑。（　　）

四、名词解析

1. 角度尺。
2. 剪式举升机。

五、简答题

1. 简述举升机的规范操作步骤。
2. 怎样判断万用表是否良好？
3. 简述千斤顶的规范操作步骤。

项目五

汽车发动机构造认知

班级：_____ 姓名：_____ 学号：_____ 工号：_____ 日期：_____ 测评等级：_____

工作任务	汽车发动机构造认知	教学模式	任务驱动和行动导向
建议学时	8学时	教学地点	一体化实训室

任务描述	发动机是汽车的核心部件，在汽车上起着非常重要的作用，学生应对发动机构造有个整体的认识。现利用车间的发动机试验台和北京现代瑞纳车上的发动机相结合进行相关内容的学习

学习目标	1. 能熟知汽车发动机的类型； 2. 能掌握发动机的两种机构和各个系统； 3. 能准确在实车上找到发动机各部分的位置； 4. 能够主动获取信息，展示学习成果，对工作过程进行总结与反思，与他人进行有效沟通，团结协作

学习准备

1. 设备器材

每组配套：发动机试验台，北京现代瑞纳车发动机，安全生产手册，手套，工作服，灭火器，汽修工具，汽修设备，网络资源。

2. 分七组

小组人员岗位分配表（由组长分配）

工作岗位	时段一 ___年___月___日 ___时___分至___时___分	时段二 ___年___月___日 ___时___分至___时___分
主修人员（1人）		
辅修人员（1人）		
工具管理（1人）		
零件摆放（1人）		
安全监督（1人）		
质量检验（1人）		
7S监督（2~4人）		

发动机是一种将燃料燃烧的热能转化为机械能的机器,其作用是将液体或气体的化学能通过燃烧后转化为热能,再把热能通过膨胀转化为机械能并对外输出动力,使汽车行驶。图5-1所示为一种发动机,图5-2所示为发动机在汽车上的安装位置。

图5-1 发动机实物

图5-2 发动机在汽车上的安装位置

一、发动机的类型

发动机是一部复杂的机器,由多种构件和系统组成,形式多种多样。汽车发动机可根据不同的方法进行分类。

1. 按活塞运动方式的不同

汽车发动机可分为往复活塞式发动机和转子式发动机，如图 5-3 所示。

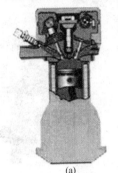 

图 5-3 活塞式发动机的类型
(a) 往复活塞式发动机；(b) 转子式发动机

2. 按所用燃料不同

活塞式发动机主要分为汽油机、柴油机和气体燃料发动机，目前应用最为广泛的是汽油机和柴油机，如图 5-4 所示。

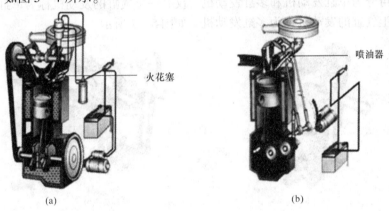

图 5-4 发动机按所用燃料不同分类
(a) 汽油机；(b) 柴油机

3. 按发动机完成一个工作循环所需的行程数不同

发动机可分为四冲程发动机和二冲程发动机。活塞往复四个单程完成一个工作循环的发动机称为四冲程发动机，如图 5-5 (a) 所示；活塞往复两个单程完成一个工作循环的发动机称为二冲程发动机，如图 5-5 (b) 所示。目前广泛使用的是四冲程发动机。

图 5-5 发动机按循环方式不同分类
(a) 四冲程；(b) 二冲程

4. 按冷却方式不同

活塞式发动机分为水冷式发动机和风冷式发动机。水冷式发动机广泛用于现代车用发动机，如图 5-6 所示。

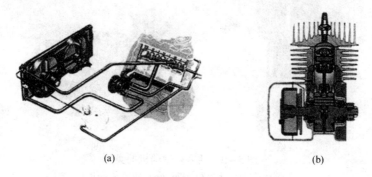

图 5-6 发动机按冷却方式不同分类
(a) 水冷式发动机；(b) 风冷式发动机

5. 按发动机气缸数目不同

发动机可分为单缸发动机和多缸发动机。仅有一个气缸的发动机称为单缸发动机；有两个或两个以上气缸的发动机称为多缸发动机。如图 5-7 所示。

图 5-7 发动机按气缸数目不同分类
(a) 单缸；(b) 多缸

6. 按发动机气缸排列方式不同

发动机可分为单列式和双列式。单列式发动机的各个气缸是排成一列的；双列式发动机的各个气缸是排成两列的。如图 5-8 所示。

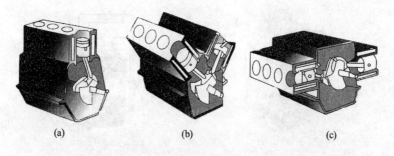

图 5-8 气缸的排列形式
(a) 单列式；(b) 双列式（V形）；(c) 双列式（对置式）

7. 按进气状态不同

发动机可分为增压式发动机和自然吸气式发动机,如图5-9所示。

图5-9 发动机按进气方式不同分类
(a) 自然吸气式发动机;(b) 增压式发动机

二、发动机的结构

1. 曲柄连杆机构

曲柄连杆机构是发动机借以产生动力并将活塞的直线往复运动转变为曲轴的旋转运动而输出动力的机构。曲柄连杆机构主要由气缸体、气缸盖、活塞、连杆、曲轴和飞轮等组成。

1) 机体组

机体组是构成发动机的骨架,是发动机各机构和各系统的安装基础。机体组由气缸体、油底壳、气缸套、气缸盖和气缸垫等组成,如图5-10所示。

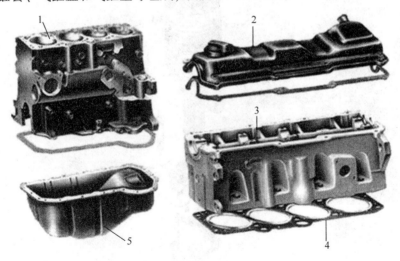

图5-10 机体组
1—气缸体;2—气门室罩盖;3—气缸盖;4—气缸垫;5—油底壳

气缸体应具有足够的强度和刚度。根据气缸体与油底壳安装平面的位置不同,通常把气缸体分为平底式、龙门式和隧道式三种,如图5-11所示。

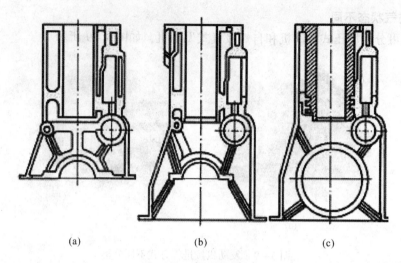

图 5-11 机体组的分类
(a) 平底式；(b) 龙门式；(c) 隧道式

2）活塞连杆组

活塞连杆组是发动机的传动件，它把燃烧气体的压力传给曲轴，使曲轴旋转并输出动力。活塞连杆组主要由活塞、活塞环、活塞销、连杆、连杆瓦轴、连杆盖和连杆螺栓等组成，如图 5-12 所示。

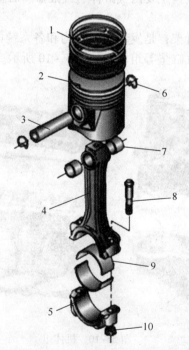

图 5-12 活塞连杆组
1—活塞环；2—活塞；3—活塞销；4—连杆；5—连杆盖；
6—活塞销卡环；7—连杆衬套；8—连杆螺栓；9—连杆瓦轴；10—定位套筒

活塞环分为气环和油环两种,如图 5-13 所示。

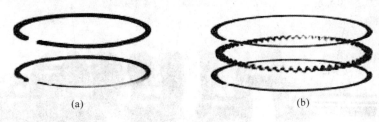

图 5-13 活塞环的种类
(a) 气环;(b) 油环

3. 曲轴飞轮组

曲轴飞轮组的功用是把活塞连杆组传来的气体压力转变为扭矩,通过飞轮对外输出,用以驱动发动机的配气机构及其他辅助装置。

曲轴飞轮组主要由曲轴、飞轮、扭转减振器、皮带轮、正时齿轮(或链条)、油泵链轮、主轴瓦片及止推片等组成,如图 5-14 所示。

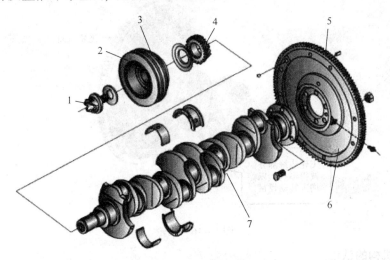

图 5-14 曲轴飞轮组
1—起动爪;2—扭转减振器;3—皮带轮;4—正时齿轮;5—齿圈;6—飞轮;7—曲轴

曲轴的功用是将连杆传来的力变为扭矩输出做功,并驱动配气机构和其他附属设备。曲轴的曲拐数取决于气缸的数目和排列方式,直列式发动机曲轴的曲拐数等于气缸数;V 形发动机曲轴的曲拐数等于气缸数的一半。曲轴包括前端轴、主轴颈、连杆轴颈、曲柄、平衡重和输出端等,如图 5-15 所示,一个连杆轴颈和其两端的曲柄及主轴颈构成一个曲拐。

飞轮的主要功用是储存做功行程的能量,用于克服进气、压缩与排气行程的阻力和其他阻力,使曲轴能均匀地旋转。飞轮外缘压有的齿圈与起动电动机的驱动齿轮啮合,供起动发动机用;汽车离合器也装在飞轮上,利用飞轮后端面作为驱动件的摩擦面,用来对外传递动力。如图 5-16 所示。

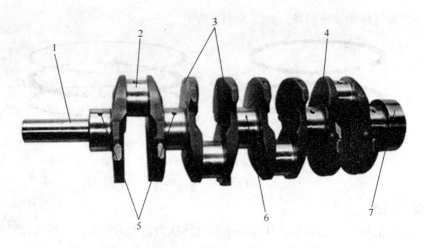

图 5-15 曲轴的组成

1—前端轴；2—连杆轴颈；3—平衡重；4—曲柄；5—润滑油孔；6—主轴颈；7—输出端

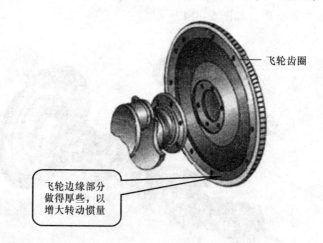

图 5-16 飞轮

（标注：飞轮齿圈；飞轮边缘部分做得厚些，以增大转动惯量）

2. 配气机构的认识

1）气门组

气门组的作用是通过气门传动机构的控制，保证进、排气道的密封（即及时开启和关闭进、排气道）。气门组主要由气门、气门锁片、气门弹簧、气门弹簧座和气门油封等组成，如图 5-17 所示。

2）气门传动组

气门传动组的功用是驱动气门组，定时地开启和关闭进、排气门。

根据凸轮轴所在位置不同，气门传动组可分为凸轮轴下置、凸轮轴中置及凸轮轴顶置三大类型。现代发动机气门传动组一般均采用凸轮轴顶置的结构形式。

对于采用凸轮轴顶置的发动机，根据凸轮轴的数量不同，可以分为单顶置凸轮轴（SOHC）和双顶置凸轮轴（DOHC）两大类，如图 5-18 所示。

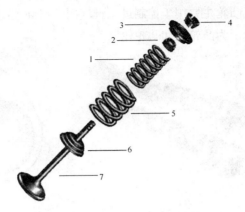

图 5-17 气门组的组成

1—内气门弹簧；2—气门油封；3—上气门弹簧座；4—气门锁片；
5—外气门弹簧；6—下气门弹簧座；7—气门

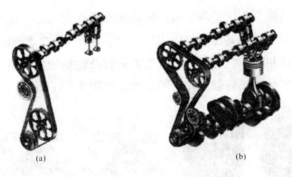

图 5-18 顶置凸轮轴的两种形式

（a）单顶置凸轮轴；（b）双顶置凸轮轴

顶置凸轮轴式气门传动组一般由凸轮轴、齿形带轮、挺柱（或摇臂和摇臂轴）等组成，如图 5-19 所示。

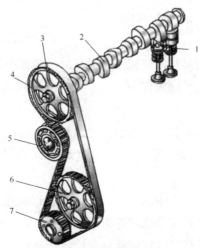

图 5-19 气门传动组的组成

1—液压挺柱组件；2—凸轮轴；3—正时齿形带轮；4—凸轮轴齿形带轮；
5—张紧轮；6—中间轴齿形带轮；7—曲轴齿形带轮

凸轮轴上的进、排气凸轮主要用于控制进、排气门开启和关闭的时刻、持续时间以及开闭的速度等。图 5-20 所示为凸轮轴和凸轮轮廓。

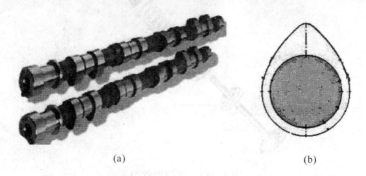

图 5-20 凸轮轴和凸轮轮廓
(a) 凸轮轴；(b) 凸轮轮廓

挺柱是凸轮的从动件，作用是将来自凸轮的运动和作用力传给推杆或气门，同时还承受凸轮轴所施加的侧向力，并将其传给机体或气缸盖，如图 5-21 所示。

摇臂的功用和挺柱相同，它可以通过改变方向将凸轮轴的力传给气门而使其开启，但是改变力的方向时还需要一根摇臂轴来作它的支点，如图 5-21 所示。

图 5-21 挺柱和摇臂
(a) 挺柱；(b) 摇臂

3. 发动机的各大系统

1) 发动机进、排气系统

进、排气系统的主要作用是在内燃机工作循环时，不断将新鲜空气或可燃混合气送入燃烧室，然后再将燃烧后的废气排到大气中。

(1) 进气系统。

发动机进气系统的作用是将新鲜空气引入发动机的进气门。发动机进气系统主要由空气滤清器、空气流量计、进气软管、节气门、进气歧管和涡轮滑压器等组成，如图 5-22 所示。

①空气滤清器的作用是把空气中的尘土分离出来，以保证供给气缸足够量的清洁空气。空气滤清器主要由空气滤清器外壳和滤芯等组成，如图 5-23 所示。

②进气歧管的主要作用是将空气均匀地分配给各个气缸，如图 5-24 所示。

③节气门安装在进气歧管前方,与进气软管相连,它主要用于控制进入到发动机的空气流量,如图 5-24 所示。

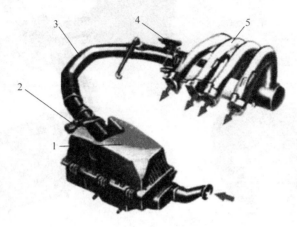

图 5-22 进气系统的组成
1—空气滤清器;2—空气流量计;3—进气软管;4—节气门组件;5—进气歧管

图 5-23 空气滤清器组成
1—外壳;2—滤芯

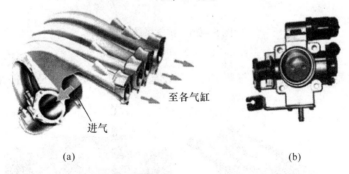

图 5-24 进气歧管和节气门
(a) 进气歧管;(b) 节气门

近年来,随着汽车技术的发展,涡轮增压器广泛地应用于汽车进气系统中。涡轮增压器的主要作用是利用排气气体动力增加进气压力和进气量,从而提高发动机的功率和扭矩。涡轮增压器及其安装位置如图 5-25 所示。

图 5-25 涡轮增压器及其安装位置
1—排气歧管；2—涡轮增压器；3—空气滤清器

（2）排气系统。

排气系统由排气歧管、消声器和三元催化器等组成，如图 5-26 所示。

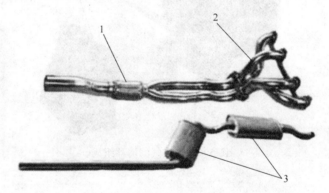

图 5-26 排气系统组成
1—三元催化器；2—排气歧管；3—消声器

消声器的主要作用是消除排气噪声；三元催化器的主要作用是改善排放，如图 5-27 所示。

图 5-27 消声器和三元催化器
（a）消声器；（b）三元催化器

2）发动机燃油供给系统

现代燃油供给系统多采用电子控制分配式燃油供给装置，主要由燃油箱、电动燃油泵、燃油滤清器、燃油分配管、供油管和喷油器组成。除此之外，为了防止燃油蒸气造成空气污染和燃油浪费，燃油系统还装有活性炭罐及控制电磁阀。如图5-28所示。

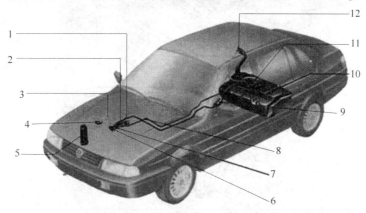

图 5-28　燃油供给系统组成

1—供油管；2—喷油器；3—燃油箱油气排放管；4—活性炭罐电磁阀；5—活性炭罐；6—燃油压力调节器；
7—燃油分配管；8—回油管；9—燃油滤清器；10—电动燃油泵；11—燃油箱；12—加燃油口

电动燃油泵的功用是以一定的油压和流量将汽油从油箱输送到发动机，其通常安装在油箱内，靠汽油来冷却。此外，油泵总成上还带有浮子。如图5-29所示。

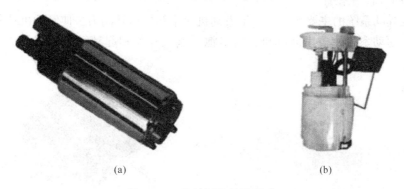

图 5-29　汽油泵和油泵总成
（a）汽油泵；（b）油泵总成

3）发动机点火系统

电子点火系统主要由电子控制模块（ECU）、点火模块、高压线及曲轴位置传感器和凸轮轴位置传感器等一些相关传感器组成，如图5-30所示。

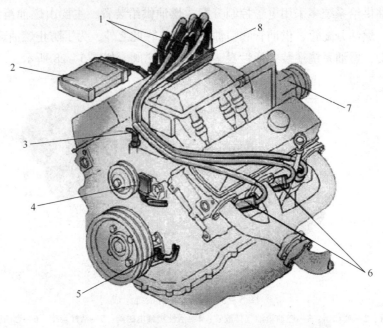

图5-30 发动机电子点火系统组成

1—高压线；2—电子控制模块（ECU）；3—水温传感器；4—凸轮轴位置传感器；
5—曲轴位置传感器；6—传感器；7—节气门位置传感器；8—点火模块

4）发动机起动系统

发动机起动系统的主要作用是：给发动机一个初始运转动力，使发动机顺利过渡到正常运转状态。起动系统主要由起动机、蓄电池、点火开关和起动继电器等组成，如图5-31所示。

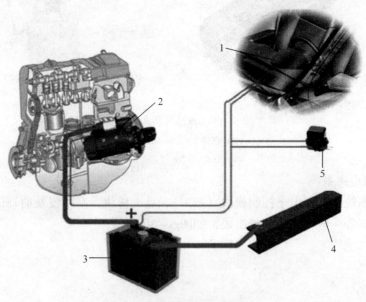

图5-31 起动系统组成

1—点火开关；2—起动机；3—蓄电池；4—车架（搭铁）；5—起动继电器

5）发动机润滑系统

发动机润滑系统主要由油底壳、机油滤清器、机油泵、机体组主油道和气缸盖油道等组成，如图 5-32 所示。

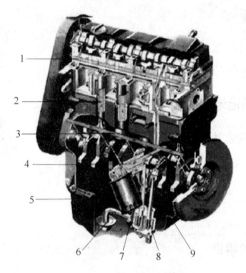

图 5-32　发动机润滑系统组成

1—气缸盖油道；2—回油孔；3—机体组主油道；4—滤清器出油道；5—机油滤清器；
6—集滤器；7—滤清器进油道；8—机油泵；9—油底壳

6）发动机冷却系统

冷却系统的主要作用是：保证发动机始终保持在合适的工作温度范围内。冷却系统主要由散热水箱、水泵、水管、冷却风扇和膨胀水箱等组成，如图 5-33 所示。

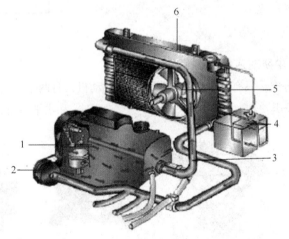

图 5-33　冷却系统的组成

1—冷却水；2—水泵；3—水管；4—膨胀水箱；5—冷却风扇；6—散热水箱

工作任务1　汽车发动机构造认知的任务分析

一、工作与学习目标

（1）能了解发动机的各部分构造。
（2）能识别发动机各部分在汽车上的位置。

二、工作过程及学习记录

1. 列举汽车发动机构造认知的注意事项

_____
_____
_____
_____

2. 完成图5-34中的填空

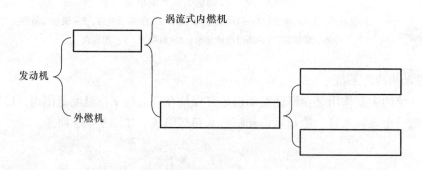

图5-34　发动机的分类方式

3. 填写图5-35中所对应的内容名称

发动机按气缸数分类：只有一个气缸的称为单缸发动机，有两个或两个以上气缸的称为多缸发动机。按排列形式分类：_____、_____、_____和水平对置式，如图5-35所示。

图5-35　四种不同气缸排列形式的发动机

4. 填写图 5 – 36 中的内容名称

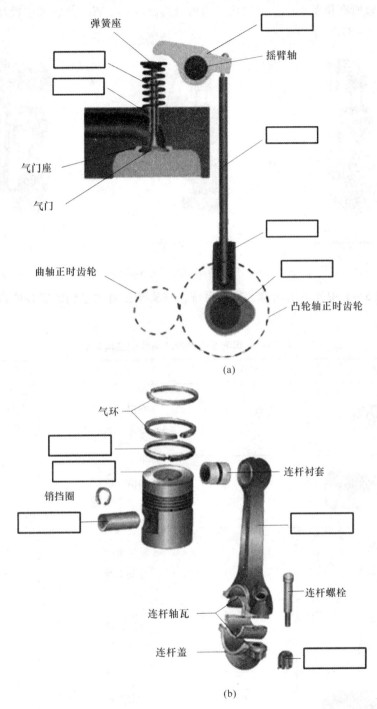

图 5 – 36　配气机构组成和活塞连杆组组成
（a）配气机构组成；（b）活塞连杆组组成

5. 写出图 5-37 中气门传动组的三种结构形式

根据凸轮轴所在位置不同，气门传动组可分为凸轮轴下置、凸轮轴中置及凸轮轴顶置三种类型，如图 5-37 所示。

图 5-37 气门传动组的三种不同结构形式

6. 写出表 5-1 中元件的名称、所属系统，在实车上查找它们的安装位置，并将位置描述填入表中

表 5-1 润滑系统和冷却系统的结构认知

元件	名称	所属系统	安装位置
		润滑系统□ 冷却系统□	
		润滑系统□ 冷却系统□	
		润滑系统□ 冷却系统□	
		润滑系统□ 冷却系统□	
		润滑系统□ 冷却系统□	

续表

元件	名称	所属系统	安装位置
		润滑系统□ 冷却系统□	
		润滑系统□ 冷却系统□	
		润滑系统□ 冷却系统□	

7. 发动机构造认知实训后的处理工作

_____
_____
_____。

8. 发动机构造认知的实训要点

_____
_____
_____。

9. 发动机构造认知实训注意事项

_____
_____
_____。

三、工作效果评价

1. 自我评价

（1）通过本次学习，我学到的知识点/技能点有：_____
_____。

不理解的有：_____

（2）我认为在以下方面还需要深化学习并提升岗位能力：_____
_____。

（3）在本次工作和学习过程中，我的表现可得到：

　　　　　　□😎　　　□🙂　　　□🙁

2. 互相评价

1）综合能力测评

参阅表 5-2 中的评价内容说明。

2）专业能力测评

（1）"发动机构造"由评价人任意指定各部件，评价对象指出对应标识的名称，评价人填写并判断正误，给予评定。

（2）评价结果全对得 😎，错一项得 🙂，错两项或以上得 ☹。

表 5-2 任务评价表

项目	评价内容	评价等级（学生互评）		
项　目	综合能力测评： 1. 请在对应条目的○内打"√"或"×"，不能确定的条目不填，可以在小组评价时让本组同学讨论并写出结论。 2. 评价结果全对得 😎，错一项得 🙂，错两项或以上得 ☹	😎	🙂	☹
综合能力测评项目（组内互评）	○按时到场　○工装齐备　○书、本、笔齐全 ○安全操作　○责任心强　○7S 管理规范 ○学习积极主动　○合理使用教学资源　○主动帮助他人 ○接受工作分配　○有效沟通　○高效完成工作任务			
专业能力测评项目（组间互评）	发动机各机构及系统名称　机构			
	系统			
小组评语及建议	他（她）做到了： 他（她）的不足： 给他（她）的建议：	组长签名： 　　　年　月　日		
老师评语及建议		评价等级： 教师签名： 　　　年　月　日		

工作任务 2 汽车发动机构造认知的方案实施

班级：_____ 姓名：_____ 学号：_____ 工号：_____ 日期：_____ 测评等级：_____

一、工作与学习目标

（1）能够根据汽车维修安全作业标准实施作业。
（2）能够正确处理突发事故。
（3）能够总结安全作业要领并相互评价。

二、工作过程及学习记录

根据图 5-38 填写表 5-3。

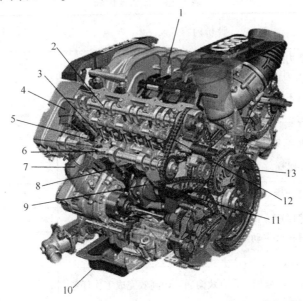

图 5-38 发动机结构

表 5-3 发动机零部件名称

零部件编号	零部件名称	零部件编号	零部件名称	零部件编号	零部件名称
1		6		11	
2		7		12	
3		8		13	
4		9			
5		10			

三、工作效果评价

1. 自我评价

（1）通过本次学习，我学到的知识点/技能点有：_____

不理解的有：_____。

（2）我认为在以下方面还需要深化学习并提升岗位能力：_____
_____。

（3）在本次工作和学习过程中，我的表现可得到：

　　　　　　　□😎　　　　　□🙂　　　　　□☹️

2. 互相评价

1）综合能力测评

参阅表 5-4 中的评价内容说明。

表 5-4　任务评价表

项　目	评价内容	评价等级（学生互评）		
	综合能力测评： 1. 请在对应条目的○内打"√"或"×"，不能确定的条目不填，可以在小组评价时让本组同学讨论并写出结论。 2. 评价结果全对得😎，错一项得🙂，错两项或以上得☹️	😎	🙂	☹️
综合能力测评项目（组内互评）	○按时到场　○工装齐备　○书、本、笔齐全			
	○安全操作　○责任心强　○7S 管理规范			
	○学习积极主动　○合理使用教学资源　○主动帮助他人			
	○接受工作分配　○有效沟通　○高效完成工作任务			
专业能力测评项目（组间互评）	活塞连杆机构			
	冷却系			
小组评语及建议	他（她）做到了： 他（她）的不足： 给他（她）的建议：	组长签名： 　　　　年　月　日		
老师评语及建议		评价等级： 教师签名： 　　　　年　月　日		

2）专业能力测评

（1）"发动机构造"由评价人任意指定各部件，评价对象指出对应标识的名称，评价人填写并判断正误，给予评定。

（2）评价结果全对得😎，错一项得🙂，错两项或以上得☹。

发动机养护小知识

发动机应从两个方面进行养护，一是外部的清洁或清洗；二是发动机内部的清洁或清洗。

（1）发动机的外部清洗是指除了发动机内部以外的及与发动机整体工作相关的部件和系统的清洁或清洗，包括进气系统的清洁或清洗、排气系统的清洁或清洗、燃油系统的清洁或清洗。其清洗方法有拆解清洗与免拆清洗两种。

（2）发动机的内部清洁或清洗是指发动机内部部件的清洁或清洗，即发动机内部积炭与油泥等积存物的清洗。

工作任务3　汽车发动机构造认知完工检验

一、工作与学习目标
（1）能够认识发动机的各部分构造。
（2）能够确认发动机各部分在汽车上的位置。

检验项目	检验结果			备注
	😎	🙂	☹	
发动机的各部分构造				
发动机各部分在汽车上的位置				

二、根据所学知识，提出汽车发动机构造认知的合理化建议，并进行展示

🌀 项目五　练习题

一、填空题

1. 发动机是将燃料燃烧的_____转化为_____的一种机器。
2. 活塞式发动机主要分为_____、_____和_____发动机。
3. 活塞环分为_____和_____两种。

4. 气门传动组的功用是驱动气门组，定时地_____和_____进、排气门。

5. 排气系统由_____、_____、_____和_____等组成。

二、选择题

1. 活塞气环的主要作用是（   ）；油环的主要作用是（   ）。
   A. 密封　　　　　B. 布油　　　　　C. 导热　　　　　D. 刮油

2. 使冷却水在散热器和水套之间进行循环的水泵旋转部件叫作（   ）。
   A. 叶轮　　　　　B. 风扇　　　　　C. 壳体　　　　　D. 水封

3. 为减少废气中的 NO_x 含量，电控发动机所采用的装置是（   ）。
   A. 排气消声器　　B. 废气再循环装置　C. 活性炭罐　　　D. 废气涡轮增压装置

4. 现代汽车发动机大多采用的是（   ）发动机。
   A. 二冲程　　　　B. 四冲程　　　　C. 增压　　　　　D. 风冷

5. 加注冷却水时，最好选择（   ）。
   A. 井水　　　　　B. 泉水　　　　　C. 雨雪水　　　　D. 蒸馏水

三、判断题

1. 多缸发动机各气缸的总容积之和，称为发动机排量。（   ）

2. 发动机在使用时，冷却水的温度越低越好。（   ）

3. 汽油机的组成部分有点火系统，而柴油机没有点火系统。（   ）

4. 目前，大多数汽油泵都装在燃油箱中。（   ）

5. 润滑油路中的油压越高越好。（   ）

四、简答题

1. 汽车发动机的基本作用是什么？
2. 简述四冲程发动机和二冲程发动机的区别。
3. 简述曲轴飞轮组的功用和组成。

项目六

汽车底盘系统结构认知

班级：_____ 姓名：_____ 学号：_____ 工号：_____ 日期：_____ 测评等级：_____

工作任务	汽车底盘系统结构认知	教学模式	任务驱动和行动导向
建议学时	8学时	教学地点	一体化实训室
任务描述	王某的轿车在行驶中拖底，到4S店进行检查，王某很想了解自己车辆的底盘构件，这样在今后驾驶车辆时也能做到心中有数		
学习目标	1. 能熟知汽车底盘系统的组成； 2. 能掌握汽车底盘系统各组成的作用； 3. 能正确在实车上找到底盘系统各组成的位置； 4. 能够主动获取信息，展示学习成果，对工作过程进行总结与反思，与他人进行有效沟通，团结协作		
学习准备	1. 设备器材 每组配套：汽车底盘系统实训台，北京现代悦动轿车，安全生产手册，手套，工作服，灭火器，维修手册，车身挡块，车身防护三件套，网络资源。 2. 分七组		

小组人员岗位分配表（由组长分配）

工作岗位	时段一 ___年___月___日 ___时___分至___时___分	时段二 ___年___月___日 ___时___分至___时___分
主修人员（1人）		
辅修人员（1人）		
工具管理（1人）		
零件摆放（1人）		
安全监督（1人）		
质量检验（1人）		
7S监督（2~4人）		

知识要点

发动机相当于汽车的心脏，是汽车动力的来源。当发动机输出动力之后，相应的机构会接收，使汽车产生运动，并保证汽车按照驾驶员的操控行驶，这一切都要靠汽车底盘来运行。汽车底盘如图6-1所示，作为汽车的基体，发动机、车身、电气设备及各种附属设备都直接或间接地安装在底盘上。因此，汽车底盘的作用是支撑、安装汽车发动机及其各部件、总成，形成汽车的整体造型，并接受发动机的动力，使汽车产生运动并按驾驶员的操控而正常行驶。

汽车底盘由四大系统组成：传动系统、行驶系统、转向系统和制动系统（俗称"传动系""行驶系""转向系"和"制动系"）。

图6-1 汽车底盘示意图
1—转向系；2—行驶系；3—传动系；4—制动系

一、传动系

1. 传动系的功用

传动系统可将发动机发出的动力传递到驱动车轮，以承担减速增距、变速、倒车、中断动力、轮间差速和轴间差速等功能；与发动机配合工作，保证汽车在各种工况条件下能正常行驶，并具有良好的动力性和经济性。

2. 传动系的类型

传动系的组成及其在汽车上的布置形式取决于发动机的形式和性能、汽车总体结构形式、汽车行驶系及传动系本身的结构形式等许多因素。目前在汽车上广泛应用的传动系统主要有两种形式：机械式传动系统以及液力机械式传动系统。

1）机械式传动系统

机械式传动系统如图6-2所示，一般由离合器、变速器、万向节、主减速器、差速器和半轴等组成。机械式传动系统具有较高的传动效率和比较简单的构造，所以常用于普通车辆上。

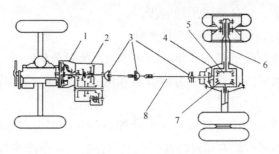

图6-2 机械式传动系

1—离合器；2—变速器；3—万向节；4—驱动桥；5—差速器；6—半轴；7—主减速器；8—传动轴

如图6-2所示，机械传动系统是一种发动机前置、后轮驱动形式的传动系，发动机发出的动力依次经过离合器1、变速器2，由万向节3和传动轴8组成的万向传动装置以及安装在驱动桥4中的主减速器7、差速器5和半轴6传到驱动轮。

2）液力机械式传动系统

液力机械式传动系统由液力变矩器、自动变速器、万向传动装置和驱动桥等组成，如图6-3所示。现代汽车越来越多地采用液力机械式传动系统（俗称自动挡汽车车），它以液力机械变速器取代机械式传动系统中的离合器和变速器，从而实现更加平稳的传动，其驾驶操作也大为方便，是现代中高级轿车传动系统常采用的形式之一。

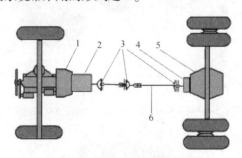

图6-3 液力机械式传动系统

1—液力变矩器；2—自动变速器；3—万向传动装置；4—驱动桥；5—主减速器；6—传动轴

3. 传动系的组成

传动系主要由离合器（或液力变矩器）、变速器、万向传动装置及驱动桥等组成。

1）离合器

离合器是用来接通或切断发动机与传动系统之间动力的装置，如图6-4所示。其主要作用如下：

图6-4 离合器在车上的位置

（1）平顺接合动力，保证汽车平稳起步。

（2）临时切断动力，保证换挡时工作平顺。

（3）限制传动系所承受的最大转矩，防止传动系统过载。

常见的离合器有摩擦离合器、液力耦合器和电磁离合器，其中最为常见的就是摩擦离合器。

离合器应该是这样一个传动机构：其主动部分和从动部分可以暂时分离，又可逐渐结合，并且在传动过程中还可能有相对转动。所以离合器的主动部件与从动部件之间不可采用刚性连接，而应借两者接触面之间的摩擦作用来传动转矩（摩擦离合器），或者利用液体作为传动介质（液力耦合器），或是利用磁力传动（电磁离合器）。摩擦式离合器主要有膜片式（见图6-5）以及周布弹簧式（见图6-6）两种。

图6-5 膜片弹簧离合器

1—飞轮齿圈；2—飞轮；3—压盘；4—膜片弹簧；5—减振弹簧；6—摩擦片

图6-6 周布弹簧离合器

图6-7所示为车内踏板位置示意图，图中车内踏板从左往右依次为离合器踏板、制动器踏板和油门踏板。

图 6-7　车内踏板位置

2）变速器

现代汽车广泛使用活塞式内燃机作为动力源，其转矩和转速变化范围较小，而复杂的使用条件则要求汽车的牵引力和车速能在相当大的范围内变化，所以在传动系中设有变速器。它的功用如下：

（1）改变传动比，扩大驱动轮转矩和转速的变化范围，以适应经常变化的行驶条件，如起步、加速、上坡等，同时使发动机在有利的工况下工作；

（2）在发动机旋转方向不变的前提下，使汽车能倒退行驶；

（3）利用空挡，中断动力传递，以使发动机能够起动、怠速，并便于变速器换挡或进行动力输出。

按操纵方式不同，变速器可分为强制操纵式、自动操纵式和半自动操纵式三种。其中强制操纵式变速器靠驾驶员直接操纵变速杆换挡，如图 6-8 和图 6-9 所示。自动操纵式变速器的传动比选择（换挡）是自动进行的，驾驶员只需操纵加速踏板，即可控制车速，如图 6-10 和图 6-11 所示。半自动操纵式常见的是几个挡位自动操纵，其余挡位则由驾驶员操纵。

图 6-8　手动变速器外观

图 6-9　手动变速器内部结构

1—换挡拉杆；2—主动齿轮；3—主动轴；4—从动轴；
5—从动齿轮；6—同步器；7—换挡拨叉；8—变速器壳体

图6-10　有级自动变速器

图6-11　无级自动变速器

手动变速器和自动变速器操纵杆分别如图6-12和图6-13所示。

图6-12　手动变速器操纵杆

图6-13　自动变速器操纵杆

3）万向传动装置

在汽车传动系及其他系统中，为了实现一些轴线相交或相对位置经常变化的转轴之间的动力传递，必须采用万向传动装置。万向传动装置一般由万向节和传动轴（见图6-14）组成，有时还要有中间支承。

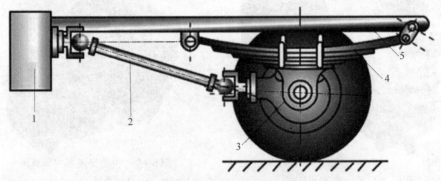

图6-14　万向传动装置的组成

1—变速器；2—万向传动装置；3—驱动桥；4—后悬架；5—车架

4）驱动桥（见图 6 – 15）

图 6 – 15　驱动桥外观

驱动桥是传动系的最后一个总成，发动机的动力传到驱动桥后，首先传到主减速器，在这里将转矩放大并降低转速后，经差速器分配给左、右半轴，最后通过半轴外端的凸缘传到驱动车轮的轮毂。驱动桥的主要零部件都装在驱动桥的桥壳中，桥壳由主减速器壳和半轴套管组成，如图 6 – 16 所示。

驱动桥的功用：

（1）降速增扭；

（2）通过主减速器改变转矩的传递方向；

（3）通过差速器实现两侧车轮差速作用，保证内、外车轮以不同转速转向。

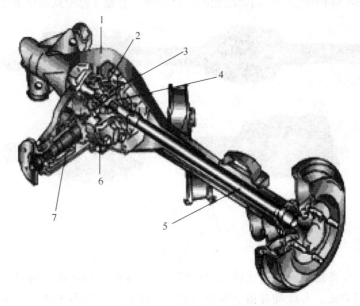

图 6 – 16　驱动桥的组成

1—后桥壳；2—差速器壳；3—差速器行星齿轮；4—差速器半轴齿轮；5—半轴；
6—主减速器从动齿轮；7—主减速器主动小齿轮

主减速器的功用是将输入的转矩增大并相应降低转速，而当发动机纵置时还具有改变转矩旋转方向的作用；差速器的功用是当汽车转弯行驶或在不平路面上行驶时，使左、右驱动车轮以不同的转速滚动，即保证两侧驱动车轮做纯滚动运动。如图 6 – 17 所示。

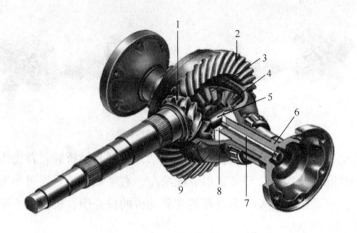

图 6-17　主减速器和差速器

1—主减速器主动锥齿轮；2—主减速器从动锥齿轮；3—半轴齿轮；4—行星齿轮；5—行星齿轮轴；
6—半轴及凸缘；7—半轴螺栓；8—防转螺母；9—差速器壳

半轴是在差速器与驱动轮之间传递动力的实心轴，其内端与差速器的半轴齿轮连接，而外端则与驱动轮的轮毂相连，半轴与驱动轮的轮毂在桥壳上的支撑形式决定了半轴的受力状况。

图 6-18　半轴

二、行驶系

行驶系将汽车各总成及部件连成一个整体并对全车起支撑作用；传递和承受路面作用于车轮的各种力和力矩，并缓冲冲击、吸收振动，以保证汽车在各种条件下正常行驶。

汽车的行驶系具有以下作用：

（1）承受汽车的总质量。

（2）接受由发动机经传动系传来的转矩并转化为驱动力。

（3）承受汽车所受外界力和力矩，保证汽车正常行驶。

（4）缓和不平路面对车身的冲击和振动，保证汽车行驶的平顺性。

（5）与转向系配合工作，实现汽车行驶方向的正确控制，保证汽车的操纵稳定性。

汽车作为一种地面交通工具，其行驶系统的基本组成在很大程度上取决于汽车经常行驶的路面性质。但大多数汽车都行驶在比较坚实的路面上，与地面接触的是车轮，而轮式汽车行驶系一般由车架、车桥、车轮和悬架等组成，如图 6-19 所示。

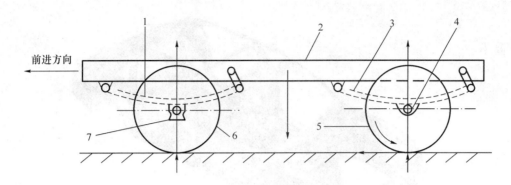

图 6 – 19 轮式汽车行驶系的组成

1—前悬架；2—车架；3—后悬架；4—驱动桥；5—后轮；6—前轮；7—从动桥

1. 车架

车架是整个汽车的基体，其功用是支撑连接汽车的各零部件，并承受来自车内、外的各种载荷。车架的结构形式应满足汽车总布置的要求，并应具有足够的强度和适当的刚度。为了提高整车的轻量化，要求车架质量尽可能小。此外车架应布置得离地面近一些，使汽车重心降低，以提高汽车的行驶稳定性。

目前，汽车车架的结构形式基本上有三种：边梁式车架（见图 6 – 20）、中梁式车架（见图 6 – 21）和综合式车架（或承载式车身，见图 6 – 22）。

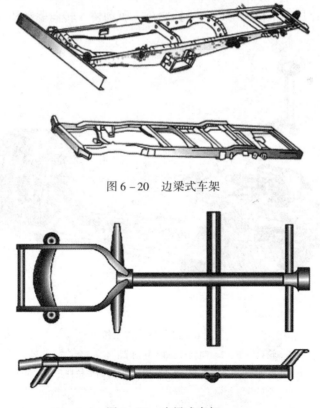

图 6 – 20 边梁式车架

图 6 – 21 中梁式车架

图 6-22 综合式车架（或承载式车身）

2. 车桥

车桥通过悬架和车架（或承载式车身）相连，它的两端安装车轮，其功用是传递车架（或承载式车身）与车轮之间各方向的作用力及其力矩。

根据悬架结构的不同，车桥分为整体式（见图 6-23）和断开式（见图 6-24）两种；根据车桥上车轮的作用，车桥又可以分为转向桥、驱动桥、转向驱动桥（见图 6-25）和支持桥。

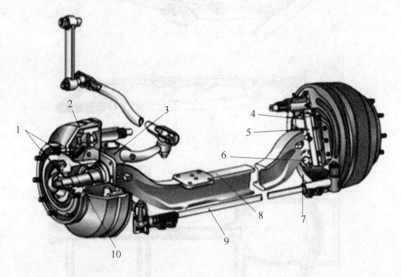

图 6-23 整体式车桥

1—轮毂轴承；2—制动毂；3—转向节；4—衬套；5—主轴；
6—止推轴承；7—梯形臂；8—前梁；9—转向横拉杆；10—轮毂

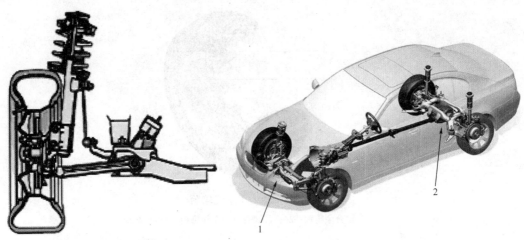

图 6-24　断开式车桥

图 6-25　转向桥与驱动桥
1—转向桥；2—驱动桥

3. 车轮与轮胎（见图 6-26）

车轮与轮胎是汽车行驶系中的重要部件，其功用如下：

（1）承载整辆汽车，不同尺寸、类型以及轮胎的气压决定了汽车承载能力的大小。

（2）减振缓冲来自路面的各种振动与冲击，让车内的乘客感觉舒服与安静，不少人对轮胎的最初评价便来源于此。

（3）抓地力的大小。喜欢开车的人还能够明显地感觉到轮胎的抓地力不同对于汽车行驶与制动的影响，轮胎的花纹、轮胎橡胶的配制都可能影响到抓地力的大小。

（4）操控。提高车辆的操控性能，使得汽车能够得心应手地行驶，不仅可以使驾驶更加安全与轻松，而且能够节约燃料及延长汽车使用寿命。

（5）稳定可靠是所有车主对于轮胎的要求，而耐磨正是稳定可靠的保证。

车轮及其组成如图 6-27 所示。

图 6-26　车轮和轮胎

图 6-27　车轮及其组成
1—轮辋；2—螺栓；3—装饰罩

子午线轮胎如图 6-28 所示。

图 6-28 子午线轮胎
1—铝合金轮辋；2—气门嘴；3—车轮饰板；4—平衡块

4. 悬架

悬架是车架（或承载式车身）与车桥（或车轮）之间一切传力连接装置的总称。它的功用是把路面作用于车轮上的垂直反力（支撑力）、纵向反力（牵引力和制动力）和侧向反力以及这些反力所造成的力矩都传递到车架（或承载式车身）上，以保证汽车的正常行驶。

现代汽车的悬架尽管有各种不同的结构形式，但一般都由弹性元件、减振器和导向机构组成。

汽车悬架可分为两大类：非独立悬架和独立悬架（见图 6-29）。非独立悬架两侧车轮安装于一整体式车桥上，当一侧车轮受冲击力时会直接影响到另一侧车轮。独立悬架其两侧车轮安装于断开式车桥上，两侧车轮分别独立地与车架（或车身）弹性地连接，当一侧车轮受到冲击时，其运动不直接影响到另一侧车轮。

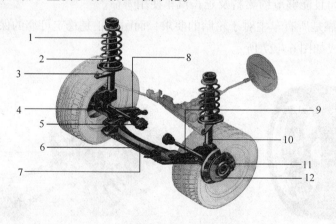

图 6-29 独立悬架（麦弗逊式）
1—螺旋弹簧；2—筒式减振器；3—转向器；4—传动轴；5—等速万向节；6—横向稳定杆；
7—副车架；8—叉形摆臂；9—摇臂；10—前悬架部件；11—制动钳；12—制动盘

三、转向系

转向系统的功能是保证汽车能按驾驶员的意志进行转向行驶,同时对操纵稳定性有一定的影响。

对转向系统的要求:

(1) 要求工作可靠,操纵轻便。

(2) 转向机构应能减小地面传到转向盘上的冲击,并保持适当的"路感"。

(3) 当汽车发生碰撞时,转向装置应能减轻或避免对驾驶员的伤害。

按转向动力源的不同,转向系统分为机械转向系统和动力转向系统两大类。现代汽车多采用动力转向系统。

1. 机械转向系统

机械转向系统是以驾驶员的体力作为转向动力源。机械转向系统一般由转向操纵机构、转向器和转向传动机构三部分组成,如图 6 – 30 所示。

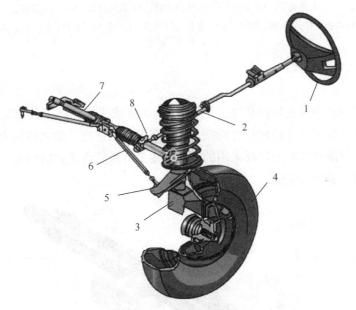

图 6 – 30 机械转向系统

1—转向盘;2—安全转向轴;3—转向节;4—转向轮;5—转向节臂;
6—转向横拉杆;7—转向减振器;8—机械转向器

2. 动力转向系统

动力转向系统是兼用驾驶员的体力和发动机动力作为转向动力源的转向系统,它是在机械转向系统的基础上加设一套转向加力装置而构成的。其中,转向加力装置主要由转向油罐、转向油泵、转向控制阀和转向动力缸组成,如图 6 – 31 所示。

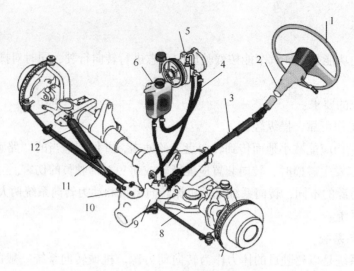

图 6-31 动力转向系统

1—转向盘；2—转向万向节；3—转向柱；4—转向油管；5—转向油泵；6—转向油罐；7—转向节臂；
8—转向横拉杆；9—转向摇臂；10—整体式转向器；11—转向直拉杆；12—转向减振器

3. 转向器

转向器是转向系的减速传动装置，一般有 1~2 级减速传动副，其功能是将转向盘的转动变为齿条轴的直线运动或转向摇臂的摆动，以降低运动速度、增大转向力矩并改变转向力矩的传动方向。目前在汽车上广泛采用的转向器主要有齿轮齿条式转向器（见图 6-32）和循环球式转向器（见图 6-33）。

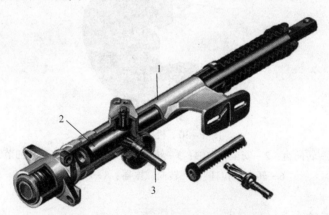

图 6-32 齿轮齿条式转向器

1—转向器壳体；2—转向齿条；3—转向齿轮

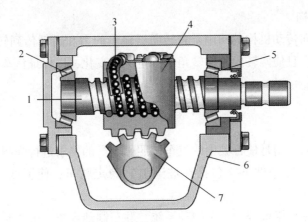

图6-33 循环球式转向器

1—转向螺杆；2—轴承；3—滚珠；4—转向螺母；5—轴承；6—外壳；7—扇形齿轮

4. 转向操纵机构

转向操纵机构（见图6-34）由转向盘（见图6-35）、转向轴和转向管柱等组成，它的作用是将驾驶员转动转向盘的操纵力传给转向器。

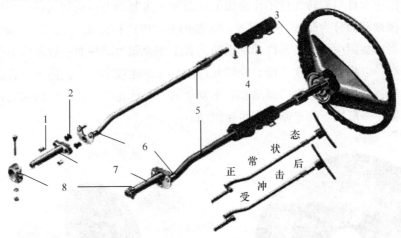

图6-34 转向操纵机构

1—塑料衬套；2—减振橡胶套；3—转向盘组件；4—转向管柱；5—上转向轴；6—柱销；7—下转向轴；8—夹子

图6-35 转向盘

5. 转向传动机构

汽车转向时转向传动机构的功用是将转向器输出的力和运动传到转向桥两侧的转向节，使两侧转向轮偏转，且使两转向轮偏转角按一定关系变化，以保证汽车转向时车轮与地面的相对滑动尽可能小。

四、制动系

汽车制动系统的作用是使行驶中的汽车按照驾驶员的要求进行强制减速甚至停车；使已停止的汽车在各种道路条件下（包括在坡道上）稳定驻车；使下坡行驶的汽车速度保持稳定。

汽车制动系统按功用可分为行车制动系统、驻车制动系统、第二制动系统和辅助制动系统。交通法规要求，行车制动系统和驻车制动系统是每一辆车都必须具备的两套独立的制动系统。汽车上设置有彼此独立的制动系统，它们起作用的时刻不同，但组成却是相似的，一般由供能装置、控制装置、传动装置和制动器四个基本部分组成。

1. 制动器

制动器是制动系统中用以产生阻碍车辆的运动或运动趋势的力的部件。

凡利用固定元件与旋转元件工作表面的摩擦而产生制动力矩的制动器，均称为摩擦制动器。目前摩擦制动器分为鼓式（见图 6-36 和图 6-37）和盘式（见图 6-38 和图 6-39）两大类。前者摩擦副中的旋转元件为制动鼓，其工作表面为圆柱面；后者的旋转元件则为圆盘状的制动盘，以端面为工作表面。旋转元件固装在车轮或半轴上，称为车轮制动器，一般用于行车制动，也有兼用于第二制动和驻车制动的。旋转元件固装在传动系的传动轴上，称为中央制动器，一般用于驻车制动和缓速制动。

图 6-36 鼓式制动器

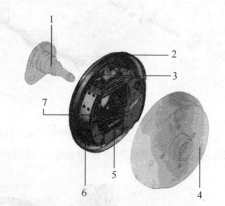

图 6-37 鼓式制动器的组成
1—后轮轴；2—制动底板；3—后制动轮缸；4—制动鼓；
5，7—拉力弹簧；6—带楔形支座的制动蹄

装有鼓式制动器的车轮和装有盘式制动器的车轮分别如图 6-40 和图 6-41 所示。

2. 驻车制动装置

驻车制动装置的作用是使汽车可靠地驻留原地，不致滑溜，以便于上坡起步。在行车中遇到紧急情况时，可同时使用行车制动系和驻车制动系，以使汽车紧急制动，如图 6-42 所示。

图6-38 盘式制动器

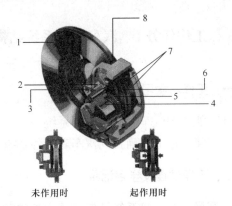

未作用时　起作用时

图6-39 盘式制动器的组成

1—制动盘；2—塑料套；3—橡胶衬套；4—活塞；5—油封；
6—活塞防尘罩；7—摩擦块；8—制动钳支架

图6-40 装有鼓式制动器的车轮

图6-41 装有盘式制动器的车轮

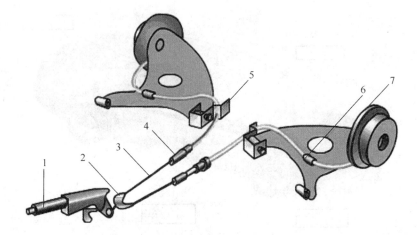

图6-42 驻车制动装置

1—操纵杆；2—平衡杠杆；3—拉绳；4—拉绳调整接头；5—拉绳支架；6—拉绳固定夹；7—制动器

工作任务 1　汽车底盘系统结构认知的任务分析

一、工作与学习目标

（1）能识别汽车底盘的各个系统。
（2）能在车上准确找到汽车底盘各系统。

二、工作过程及学习记录

1. 列举汽车底盘系统认知过程中的注意事项

_____
_____
_____
_____
_____
_____
_____
_____
_____
_____
_____

2. 填写图 6-43 中汽车底盘的组成

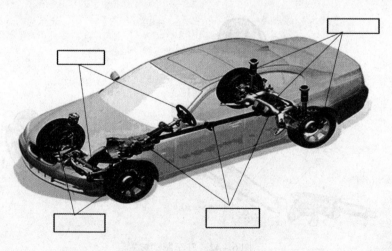

图 6-43　汽车底盘的组成

3. 写出表 6-1 中图示部件的名称

表 6-1 底盘零部件名称

图示	标识名称
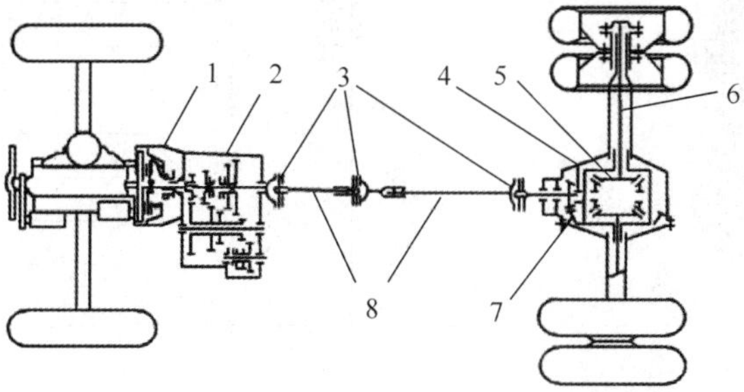 (图一：底盘传动系统示意图，标注 1~8)	1: _____ 2: _____ 3: _____ 4: _____ 5: _____ 6: _____ 7: _____ 8: _____
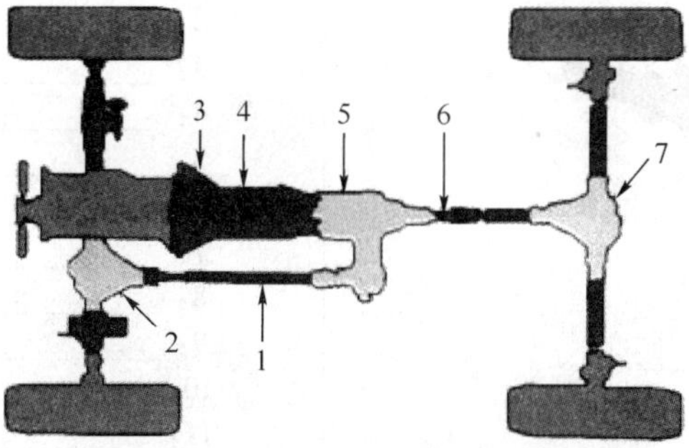 (图二：转向系统示意图，标注 1~7)	1: _____ 2: _____ 3: _____ 4: _____ 5: _____ 6: _____ 7: _____
 (图三：自动变速器换挡杆 P R N D 3 2 L)	P: _____ R: _____ N: _____ D: _____ 3: _____ 2: _____ L: _____
 (图四：离合器示意图，标注 1、2、3)	1: _____ 2: _____ 3: _____

续表

图示	标识名称
 (图)	1: 2: 3: 4: 5: 6: 7: 8:
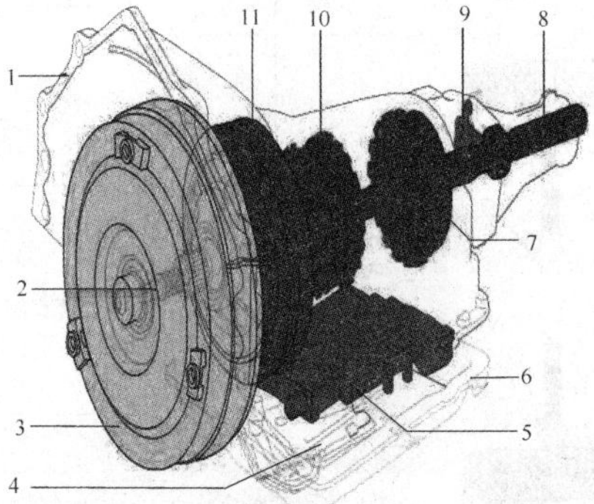 (图)	1: 2: 3: 4: 5: 6: 7: 8: 9: 10: 11:
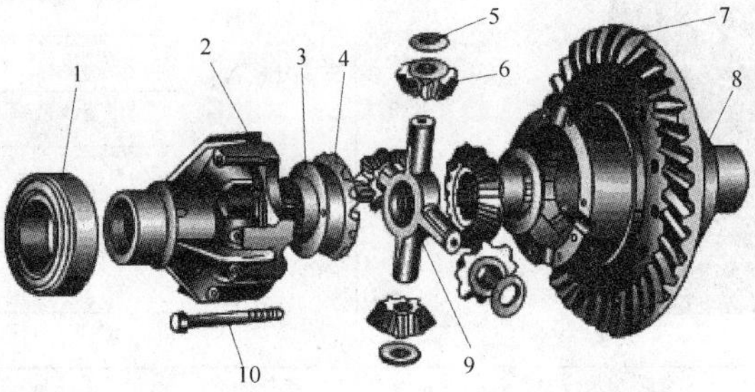 (图)	1: 2: 3: 4: 5: 6: 7: 8: 9: 10:
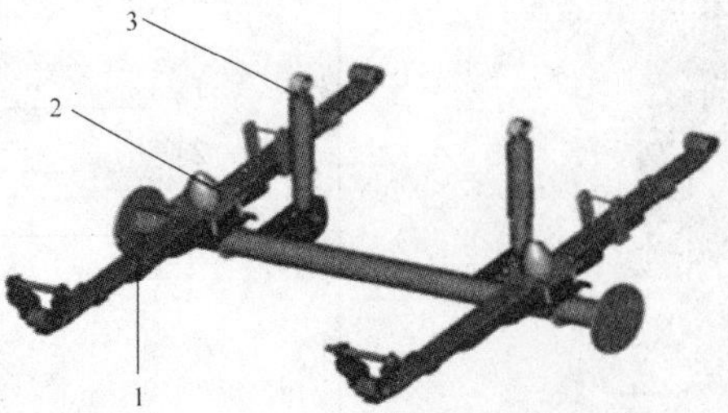 (图)	1: 2: 3:

续表

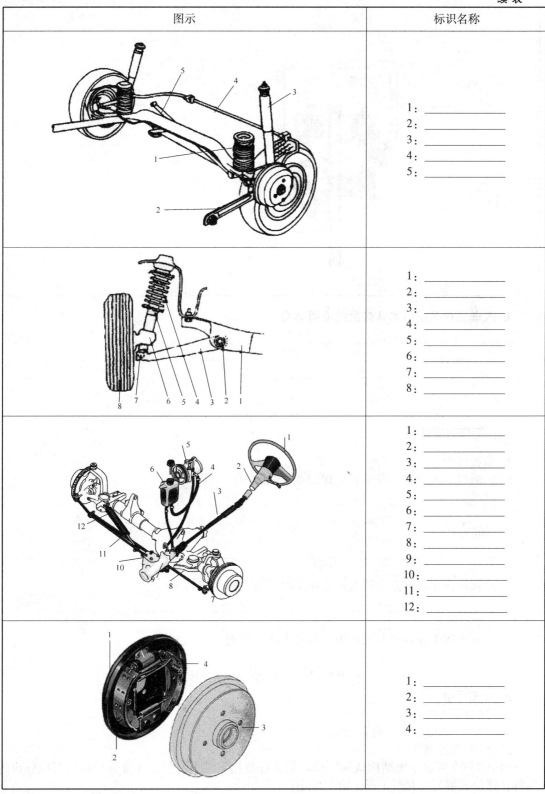

图示	标识名称
	1: _____ 2: _____ 3: _____ 4: _____ 5: _____
	1: _____ 2: _____ 3: _____ 4: _____ 5: _____ 6: _____ 7: _____ 8: _____
	1: _____ 2: _____ 3: _____ 4: _____ 5: _____ 6: _____ 7: _____ 8: _____ 9: _____ 10: _____ 11: _____ 12: _____
	1: _____ 2: _____ 3: _____ 4: _____

项目六 汽车底盘系统结构认知

续表

图示	标识名称
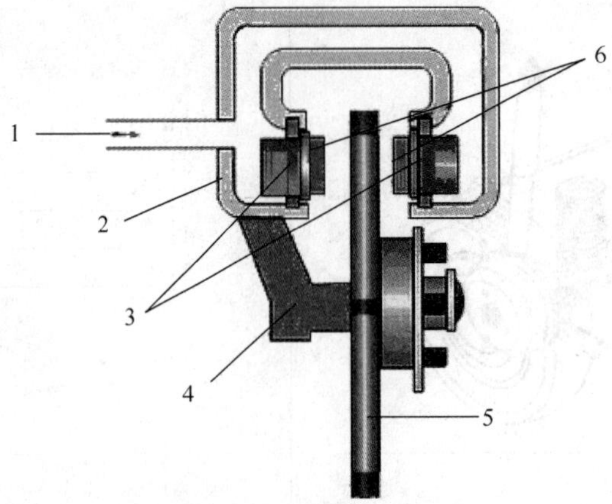 (图)	1：_____ 2：_____ 3：_____ 4：_____ 5：_____ 6：_____

4. 汽车底盘系统结构认知后的心得体会

_____
_____
_____
_____
_____。

三、工作效果评价

1. 自我评价

（1）通过本次学习，我学到的知识点/技能点有：_____
_____
_____。

不理解的有：_____
_____
_____。

（2）我认为在以下方面还需要深化学习并提升岗位能力：____
_____
_____。

（3）在本次工作和学习过程中，我的表现可得到：

　　　　　　□😎　　　□🙂　　　□☹️

2. 互相评价

1）综合能力测评

参阅表 6-2 中的评价内容说明。

2）专业能力测评

（1）"汽车底盘系统结构认知"由评价人任意指定某个部件，评价对象指出对应标识的名称，评价人填写并判断正误，给予评定。

（2）评价结果全对得😎，错一项得🙂，错两项或以上得☹️。

表6-2 任务评价表

项 目	评价内容	评价等级（学生互评）		
项　目	综合能力测评： 1. 请在对应条目的○内打"√"或"×"，不能确定的条目不填，可以在小组评价时让本组同学讨论并写出结论。 2. 评价结果全对得😎，错一项得🙂，错两项或以上得☹	😎	🙂	☹
综合能力测评项目（组内互评）	○按时到场　○工装齐备　○书、本、笔齐全			
	○安全操作　○责任心强　○7S管理规范			
	○学习积极主动　○合理使用教学资源　○主动帮助他人			
	○接受工作分配　○有效沟通　○高效完成工作任务			
专业能力测评项目（组间互评）	变速器结构			
	转向器结构			
小组评语及建议	他（她）做到了： 他（她）的不足： 给他（她）的建议：	组长签名： 　　　年　月　日		
老师评语及建议		评价等级： 教师签名： 　　　年　月　日		

工作任务2　汽车底盘系统结构认知的方案实施

班级：_____　姓名：_____　学号：_____　工号：_____　日期：_____　测评等级：_____

一、工作与学习目标

（1）能够根据汽车维修安全作业标准实施作业。
（2）能正确处理突发事故。
（3）能够总结安全作业要领并相互评价。

二、工作过程及学习记录

1. 根据实际工作过程填写表 6-3

表 6-3　底盘零部件

部件名称	零部件外观与工作特点描述
离合器	
手动变速器	
自动变速器	
主减速器	
差速器	
传动轴	
半轴	
转向器	
独立悬架	
非独立悬架	
车轮	
盘式制动器	
鼓式制动器	

三、工作效果评价

1. 自我评价

（1）通过本次学习，我学到的知识点/技能点有：_____
_____。

不理解的有：_____。

（2）我认为在以下方面还需要深化学习并提升岗位能力：_____
_____。

（3）在本次工作和学习过程中，我的表现可得到：

　　　　　　　　□😎　　　　□🙂　　　　□🙁

2. 互相评价

1）综合能力测评

参阅表 6-4 中的评价内容说明。

2）专业能力测评

（1）"底盘系统"由评价人任意指定个各部件，评价对象指出对应标识的名称，评价人填写并判断正误,给予评定。

(2) 评价结果全对得😎,错一项得🙂,错两项或以上得☹。

表 6-4 任务评价表

项 目	评价内容	评价等级（学生互评）		
项 目	综合能力测评: 1. 请在对应条目的○内打"√"或"×",不能确定的条目不填,可以在小组评价时让本组同学讨论并写出结论。 2. 评价结果全对得😎,错一项得🙂,错两项或以上得☹			
综合能力测评项目（组内互评）	○按时到场　○工装齐备　○书、本、笔齐全			
综合能力测评项目（组内互评）	○安全操作　○责任心强　○7S管理规范			
综合能力测评项目（组内互评）	○学习积极主动　○合理使用教学资源　○主动帮助他人			
综合能力测评项目（组内互评）	○接受工作分配　○有效沟通　○高效完成工作任务			
专业能力测评项目（组间互评）	主减速器部件			
专业能力测评项目（组间互评）	制动器部件			
小组评语及建议	他（她）做到了: 他（她）的不足: 给他（她）的建议:	组长签名: 年　月　日		
老师评语及建议		评价等级: 教师签名: 年　月　日		

"底盘装甲"是近几年底盘防锈护理的新项目,即在汽车底盘的下面喷涂一层2~4 mm厚的弹性密封材料,犹如给车的底盘穿上一层厚厚的铠甲。底盘装甲即对这一技术进行的形象描述。

(1) 底盘装甲的必要性。

汽车底盘终年不见阳光，时刻面临剐蹭、碰撞、锈蚀和腐蚀的威胁；底盘又直接影响着车辆的使用，虽然汽车厂商在生产汽车时都会考虑到离地高度以及做一定程度的底盘防护，但用车环境的多样性决定了这些措施并不能完全保证车辆底盘的安全。

(2) 如何判定是否该做底盘装甲。

由于每个品牌车型的底盘防护情况不一样，所以把车升起查看是最基本的方法。如果有一层表面毛糙的塑胶粘在车底，且按压有柔性，则说明是做过防护；如果是光滑裸露的钢板，则说明没有做防护。检查时特别要注意车的轮弧、叶子板内侧和连接钢架等地方是否有防护，这些关键部位通常被厂家遗漏。

(3) 底盘装甲的种类。

① 含沥青成分的底盘防锈胶。这是第一代的底盘装甲产品，目前已被淘汰。

② 油性（溶剂性）底盘防锈胶。这是第二代底盘装甲产品，其中的稀释剂多为甲苯，是对人体有害的剧毒成分；施工后形成的胶层很硬，容易开裂，隔声效果也很一般。

③ 水溶性底盘防锈胶（见图 6-44），又称环保型底盘防锈胶，现在欧美国家大多选用这类产品。水溶性底盘防锈胶附着力强、胶层弹性较好，底盘隔声效果显著，是底盘装甲的首选材料。图 6-45 所示为汽车底盘装甲后的效果。

图 6-44　水溶性底盘防锈胶

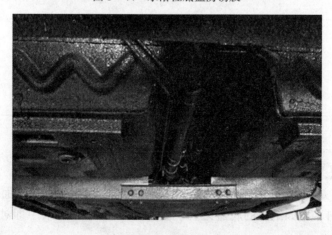

图 6-45　汽车底盘装甲后的效果

（4）底盘装甲常见品牌。

固盾、3M、汉高、伍尔特、霍尼韦尔、雷朋、保赐利、标榜等。

工作任务3　汽车底盘系统结构认知完工检验

一、工作与学习目标 （1）能够认识汽车底盘各系统的结构。 （2）能够确认汽车底盘系统各部分在汽车上的位置。				
检验项目	检验结果			备注
	😎	🙂	☹	
汽车底盘各系统的结构				
汽车底盘系统各部分在汽车上位置				
二、根据所学知识，提出汽车底盘系统结构认知的合理化建议，并进行展示 ------ ------ ------ ------				

项目六　练习题

一、填空题

1. 汽车底盘系统主要由_____、_____、_____和_____四大系统组成。
2. 汽车传动系统主要由离合器、_____、传动轴和_____等组成。
3. 汽车行驶系统主要由_____、_____、_____和_____组成。
4. 汽车转向系统有_____和_____两种。
5. 汽车制动系统分为行车制动系统和_____，其中行车制动系统有_____和_____两种。

二、选择题

1. 离合器的主动部分包括（　　　）。
   A. 飞轮　　　　　B. 离合器盖　　　　C. 压盘　　　　　D. 摩擦片
2. 下列不属于行驶系统的是（　　　）。
   A. 车轮　　　　　B. 钢板弹簧　　　　C. 悬架　　　　　D. 手动变速器
3. 下列不属于汽车转向系统的是（　　　）。
   A. 方向盘　　　　B. 转向器　　　　　C. 车轮
4. 下列不属于盘式制动器结构组成的是（　　　）。
   A. 制动盘　　　　B. 制动钳　　　　　C. 摩擦块　　　　D. 制动鼓
5. 下列是非独立悬架缺点的是（　　　）。
   A. 结构简单　　　B. 容易产生跳动　　C. 寿命相对长

三、判断题

1. 手动变速器的传动比可以连续变化。（　　）
2. 行驶系统的螺旋弹簧就是减振器。（　　）
3. 动力转向系比机械转向系省力。（　　）
4. 现在汽车制动系统多采用前盘后鼓或者全盘式制动系统。（　　）
5. 采用独立悬架的车桥通常为断开式。（　　）

四、名词解析

1. 子午线轮胎。
2. 传动比。

五、简答题

1. 简述汽车传动系统的作用及组成。
2. 汽车行驶系由哪些部分组成？
3. 对汽车转向系有哪些要求？
4. 汽车制动系统有几种？制动器又有几种？

项目七

汽车电子与电器系统结构认知

班级：_____ 姓名：_____ 学号：_____ 工号：_____ 日期：_____ 测评等级：_____

工作任务	汽车电子与电器系统结构认知	教学模式	任务驱动和行动导向
建议学时	4 学时	教学地点	一体化实训室
任务描述	车间里有一辆北京现代悦动汽车，需要学生对它的电子与电器系统进行检查，那么在检查之前需要对汽车电子与电器系统的结构进行学习		
学习目标	1. 能熟知汽车电子与电器系统的作用； 2. 能正确在车上找到电子、电器系统各部分的位置； 3. 能掌握汽车电子与电器系统的结构； 4. 能够主动获取信息，展示学习成果，对工作过程进行总结与反思，与他人进行有效沟通，团结协作		
学习准备	1. 设备器材 每组配套：电子、电器试验台，北京现代悦动汽车电子、电器系统，安全生产手册，手套，工作服，灭火器，网络资源。 2. 分七组		

小组人员岗位分配表（由组长分配）

工作岗位	时段一 ____年____月____日 ____时__分至__时__分	时段二 ____年____月____日 ____时__分至__时__分
主修人员（1人）		
辅修人员（1人）		
工具管理（1人）		
零件摆放（1人）		
安全监督（1人）		
质量检验（1人）		
7S 监督（2～4人）		

一、汽车电路常用元器件

1. 熔断器

熔断器是最简便最有效的短路保护装置。熔断器中的熔片或熔丝常用电阻率较高的易熔合金制成，例如铅锡合金等；或用截面积较小的良导体制成，例如铜、银等。线路在正常工作情况下，熔断器不应熔断；一旦发生短路或严重过载时，熔断器应立即熔断。熔断器有很多种，汽车上常用的是插片式熔断器。图7-1所示为熔断器的符号，图7-2所示为常用的几种熔断器实物。

图7-1 易熔线和熔断器符号

(a) 易熔线符号；(b) 熔断器符号

图7-2 常用的几种熔断器

(a) 玻璃管熔断器；(b) 贴片熔断器；(c) 插片式熔断器

2. 继电器

继电器是自动控制电路中常用的一种元件，它是一种传递信号的电器，用来接通和分断控制电路，是可用较小的电流来控制较大电流的一种自动开关。图7-3所示为电磁继电器的符号，图7-4所示为常用的继电器。

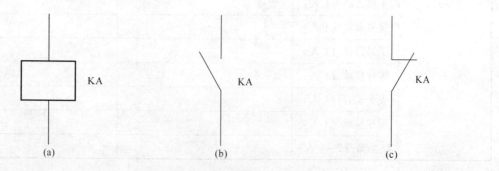

图7-3 继电器的符号

(a) 线圈；(b) 常开触点；(c) 常闭触点

图 7-4 常用继电器

二、汽车电器系统的组成与特点

1. 汽车电器系统的组成

汽车电器设备由电源和用电设备两大部分组成。电源系统包括蓄电池、发电机及调节器；用电设备包括发动机的起动系统、汽油机的点火系统、照明与信号系统、仪表与报警系统、空调系统及其他辅助用电设备。

2. 汽车电器系统的主要特点

1）低压

汽车电器系统的额定电压主要有 12 V 和 24 V 两种。汽油车普遍采用 12 V 电源，柴油车多采用 24 V 电源（由两个 12 V 蓄电池串联而成）。汽车运行中的电压，一般 12 V 系统的为 14 V，24 V 系统的为 28 V。

2）直流

现代汽车发动机是靠电力起动机起动的，起动机由蓄电池供电，而向蓄电池充电又必须用直流电源，所以汽车电器系统为直流系统。

3）单线制

单线连接是汽车线路的特殊性，它是指汽车上所有电器设备的正极均采用导线相互连接，而所有的负极则直接或间接通过导线与车架或车身金属部分相连，即搭铁。任何一个电路中的电流都是从电源的正极出发经导线流入用电设备后，再由电器设备自身或负极导线搭铁通过车架或车身流回电源负极而形成回路，如图 7-5 所示。

由于单线制导线用量少、线路清晰、接线方便，因此广为现代汽车所采用。

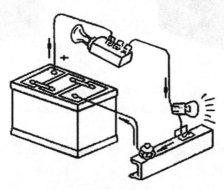

图 7-5 单线制电路

4）并联连接

各用电设备均采用并联，汽车上的两个电源（蓄电池与发电机）之间以及所有用电设备之间都是正极接正极、负极接负极，并联连接。

由于采用并联连接，所以在汽车使用过程中，当某一支路用电设备损坏时，并不影响其他支路用电设备的正常工作。

5）负极搭铁

采用单线制时蓄电池的一个电极需接至车架或车身上，俗称"搭铁"。蓄电池的负极接车架或车身称为负极搭铁；蓄电池的正极接车架或车身称为正极搭铁。负极搭铁对车架或车身金属的化学腐蚀较轻，对无线电干扰小。我国标准规定汽车线路统一采用负极搭铁。

6）设有保险装置

为了防止因短路或搭铁而烧坏线束，电路中一般设有保护装置，如熔断器、易熔线等。

7）汽车线路有颜色和编号特征

为了便于区别各线路的连接，汽车所有低压导线必须选用不同颜色的单色或双色线，并在每根导线上编号。编号是由生产厂家统一编定的。

三、汽车电器各系统的认识

1. 汽车双电源系统

汽车的电源系统主要由蓄电池、发电机、点火开关和保险丝盒等组成，是双电源。其主要用于向用电设备提供低压直流电能。

1）蓄电池

蓄电池的功用：蓄电池是汽车的辅助电源，是可逆的直流电源，用于汽车上的蓄电池为汽车发动机起动提供电能及在汽车停止的状态下给全车用电器供电。

蓄电池的种类：蓄电池根据电解液不同主要分为铅酸蓄电池（以下简称铅蓄电池）和镍碱蓄电池两大类，目前汽车上使用的都是铅酸蓄电池；按蓄电池维护方式不同主要有普通式和免维护式蓄电池，如图7-6所示。

(a)　　　　　　　　(b)

图7-6　铅酸蓄电池
(a) 普通式蓄电池；(b) 免维护式蓄电池

蓄电池一般安装在轿车的发动机舱内，也有部分轿车的蓄电池安装在轿车后备厢或者后排座椅的下方，如图7-7所示。

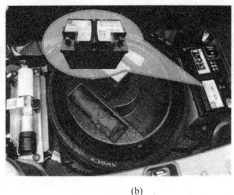

(a) (b)

图 7-7 蓄电池在汽车上的安装位置

(a) 蓄电池安装在发动机舱内；(b) 蓄电池安装在后备箱内

3）发电机及调节器

发电机的功用：发电机是汽车的主要电源，它与电压调节器互相配合工作，其主要作用是对除起动机以外的所有用电设备供电，并向蓄电池充电。

发电机的分类：交流发电机和直流发电机。交流发电机的各方面性能都优于直流发电机，所以汽车上多用交流发电机。

交流发电机按结构不同可分为普通交流发电机、整体式交流发电机和无刷交流发电机等，如图 7-8 所示。

(a) (b) (c)

图 7-8 交流发电机的类型

(a) 普通交流发电机；(b) 整体式交流发电机；(c) 无刷交流发电机

调节器的功用：当发电机转速变化时，自动对发电机的电压进行调节，使发电机的电压稳定，以满足汽车用电设备的要求，如图 7-9 所示。

发电机一般安装在轿车发动机的前端，由曲轴皮带轮驱动，对于油电混合动力汽车来说，它的发电机和起动机为一体，安装在发动机曲轴后端，如图 7-10 所示。

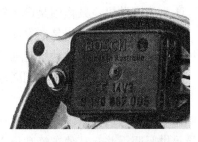

图 7-9 调节器实物

图 7-10 发电机的安装位置
(a) 普通轿车发电机安装位置；(b) 混合动力发电机安装位置
1—发动机；2—离合器；3—变速器；4—定子绕组

2. 起动系统

(1) 起动系统的作用：供给发动机曲轴足够的起动转矩，以便使发动机曲轴达到必需的起动转速，使发动机进入自行运转状态。当发动机进入自行运转状态后，便结束任务并立即停止工作。

(2) 发动系统常用的起动方式有人力起动、辅助汽油机起动和电力起动机起动。现代汽车上均采用电力起动机（简称起动机）起动。

(3) 起动系统由蓄电池、起动机和起动控制电路等组成。起动机又由直流电动机、传动机构和控制机构组成，如图 7-11 所示。

图 7-11 起动机的组成
1—控制机构；2—直流电动机；3—传动机构

①直流电动机：其作用是产生转矩。

②传动机构：其作用是在发动机起动时，使起动机驱动齿轮啮入飞轮齿环，将起动机转矩传给发动机曲轴；待发动机起动后，再使驱动齿轮打滑与飞轮齿环自动脱开。

③控制机构：用来接通和切断起动机与蓄电池之间的电路。

3. 汽车照明与信号系统

汽车照明与信号系统的作用：在夜间或能见度低的情况下，向驾驶员、乘客和交通管理人员提供照明，并对其他车辆和行人起提示及警告作用。

1) 汽车照明灯具种类和用途

(1) 种类。外部照明灯具，主要包括前照灯、雾灯和牌照灯等，如图 7-12 所示。

②内部照明灯具，主要包括仪表照明灯、仪表报警灯及指示灯、门灯、顶灯、阅读灯、行李箱灯、踏步灯和工作灯等，如图7-12所示。

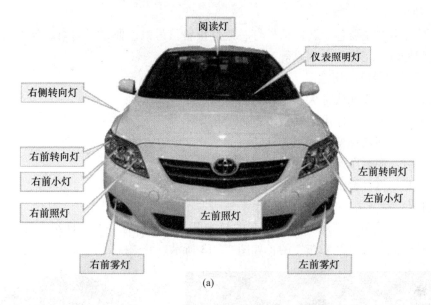

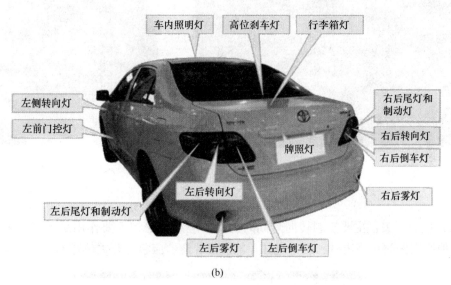

图7-12 汽车各种类型灯
(a) 汽车前部的灯；(b) 汽车后部的灯

(2) 各种照明灯的用途。
①前照灯：远、近光的变换——变换开关；
②防雾灯：单独开关控制，有雾天气使用；
③仪表灯：看清仪表的指示；
④牌照灯：夜间照亮牌照；
⑤顶灯：车内照明；

⑥工作灯：检修车辆时用。

2）汽车信号灯的种类和用途

（1）种类。

汽车信号系统主要包括转向信号灯、危急报警信号灯、制动信号灯、倒车灯、示廓灯、驻车灯、门控灯、尾灯和电喇叭等，如图7-12所示。

（2）各种信号灯的用途。

①前后位灯：夜间或雾天显示车的位置和宽度；

②制动灯：向后车发出制动信号；

③转向灯：转向和变道时用；

④倒车灯：向后车发出信号；

⑤报警指示灯：警示。

3）灯光控制开关

（1）灯光组合开关：绝大多数轿车的灯光开关都集成在一起，即组合开关。但也有将不同功能的灯光开关分开来布置的，如图7-13所示。

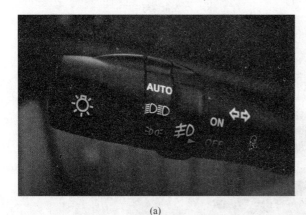 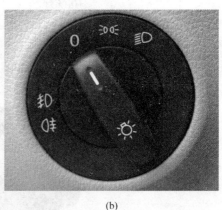

(a)　　　　　　　　　　　　　　　(b)

图7-13　灯光组合开关

(a)　车辆组合开关；(b)　捷达灯光开关

（2）应急开关：主要控制转向灯同时闪烁。应急开关的主要作用是：当车辆出现故障或因其他原因停放在路边时，提示过往车辆注意躲避。应急灯开关位置如图7-14所示。

图7-14　应急灯开关

4）灯光开关操作

如图7-15（a）所示，顺时针旋转捷达灯光开关，可以依次打开小灯（仪表/开关照明）和大灯；当打开小灯或者大灯后向外拨开关旋钮，则可依次开启前后雾灯，如图7-15（b）所示。

(a)　　　　　　　　　　　　　　(b)

图7-15　捷达灯光开关

(a) 开启小灯和大灯；(b) 开启前后雾灯

如图7-16所示，转向开关手柄前后移动为转向控制［见图7-16（a）］，上下移动为远近光切换［见图7-16（b）］。

 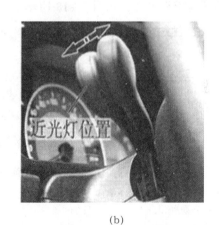

(a)　　　　　　　　　　　　　　(b)

图7-16　转向控制和远近光切换

(a) 转向控制；(b) 远近光切换

倒车灯受倒挡开关控制，只要挂入倒挡，倒车灯便会点亮；制动灯受制动开关控制，只要踩下制动踏板，制动灯便会点亮。如图7-17所示。

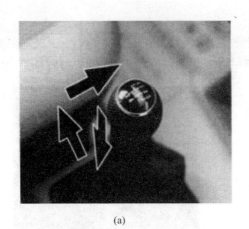
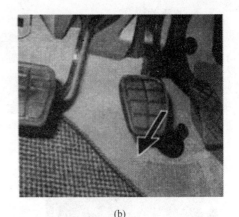

(a) (b)

图 7-17 捷达挡位控制
(a) 倒车灯开关；(b) 制动灯开关

4. 汽车仪表与报警系统

1) 汽车仪表系统

汽车仪表系统作用：在驾驶室仪表板上安装各种指示仪表，监测发动机的运转状况，使驾驶员随时观察与掌握汽车各系统的工作状态。

汽车仪表系统主要包括：电流表、水温表、燃油表、机油压力表、仪表稳压器、发动机转速表和车速里程表等，如图 7-18 所示。

图 7-18 上海 PASSATB5 组合仪表

1—安全气囊灯；2—危急报警信号灯；3—后雾灯；4—电子防盗灯；5—转向灯（左）；6—远光灯；7—转向灯（右）；8—空位；9—ABS 防抱死灯；10—手制动灯；11—充电指示灯；12—冷却液液面指示灯；13—机油指示灯；14—后行李箱盖指示灯；15—制动摩擦片磨损指示灯；16—车窗洗涤剂灯；17—燃油存量指示灯；18—预热装置（柴油发动机）灯；19—安全带警告灯

2) 汽车报警系统

汽车报警系统作用：当被监测的系统不正常时，开关自动接通，指示灯发亮，提醒驾驶员注意。报警指示灯种类多、用途多。

汽车报警系统主要包括蓄电池液面过低报警装置、机油压力过低报警装置、冷却液温度过高报警装置、燃油量过少报警装置、制动系统压力过低报警装置、制动灯信号断线报警装置、制动蹄片磨损过量报警装置、制动液面过低报警装置、滤清器堵塞报警装置、车门未关警告灯、驻车制动警告灯和安全带警告灯等，如图 7-18 所示。

5）汽车空调系统

汽车空调是利用媒介物质对车内的空气进行调节，使之在温度、湿度、风速和清洁度上能满足人体舒适的需要，并预防或去除玻璃上的雾、霜和冰雪，以保障乘员身体健康和行车安全。也就是说，汽车空调装置应具备制冷、供暖、通风、净化空气、加湿和除湿等多项功能。

汽车空调组成：制冷系统、暖风系统、通风系统、加湿和空气净化装置。

在驾驶室内空调由出风口和控制面板两部分组成，如图 7 – 19 所示。

图 7 – 19　捷达空调系统

汽车空调按控制方法不同分为手动空调和自动空调，手动空调与自动空调的控制面板大不相同，如图 7 – 20 所示。

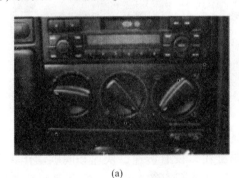 

(a)　　　　　　　　　　　　　　(b)

图 7 – 20　空调的控制面板

(a) 手动空调；(b) 自动空调

6. 汽车辅助电器装置

汽车辅助电器装置主要包括风窗刮水器、风窗洗涤器、起动预热装置、汽车天窗、电动座椅、电动车窗、电动后视镜、除霜（雾）装置、前照灯清洗装置和安全气囊等，如图 7 – 21 所示。

（1）电动座椅：为驾驶员及乘员提供便于操作、舒适安全及不易疲劳的驾乘位置。

（2）起动预热装置：冬季低温时，保证迅速可靠的起动，并设置低温起动预热装置，以提高进入气缸的空气温度或者发动机缸体温度。

（3）前照灯清洗装置：在前照灯的下方有一出水口，随时可以清洗前照灯的灰尘及污垢。一般高级一些的车型都具备此功能。

（4）电动刮水器及洗涤器作用：为保证汽车在雨天和雪天正常行驶，在汽车的挡风玻璃上装有刮水器。风窗清洗装置配合刮水器一起工作。刮水器主要由驾驶室的控制器和车辆外部的雨刷组成，如图7-22所示。

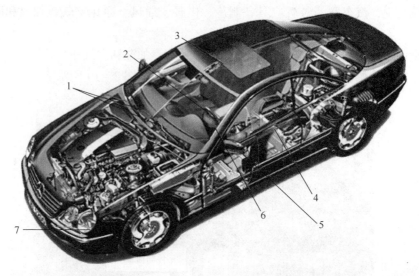

图7-21　汽车的辅助装置

1—刮水器；2—电动座椅；3—天窗；4—电动车窗；5—电动后视镜；6—安全气囊；7—前照灯清洗装置

图7-22　刮水器和洗涤器

一般在汽车组合开关手柄上有刮水器控制旋钮，设有慢速、快速和间歇动作3个挡位。手柄顶端是喷水开关，向方向盘方向抬起刮水器开关有洗涤水喷出，配合刮水器洗涤挡风玻璃。刮水器操作方法如图7-23所示。

 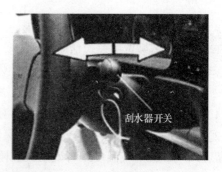

图7-23　刮水器操作

(5) 电动门窗是指以电为动力使车窗玻璃自动升降，如图 7-24 所示。

图 7-24　电动门窗

(6) 电动后视镜的调节。

后视镜电动调节是指车外两侧的后视镜，在需要调节视角时驾驶员可以不必下车，而在车内通过电动按钮就可以调节。

以前经常可以看到在行车的时候有人伸出手去调节后视镜，这时驾驶员已不能正确观察前方的道路，会对安全造成极大的隐患。而电动调节的后视镜就不会出现这样的情况，在需要调节后视镜的视角时，可以通过车内的电动按钮调节，其按钮一般设计在方向盘左侧，可以对左右两侧的后视镜进行调节。现在大部分轿车都配备了后视镜电动调节，如图 7-25 所示。

图 7-25　电动后视镜

(6) 安全气囊。

安全气囊的功能是当车辆发生碰撞事故时配合安全带减轻乘员的伤害程度，避免乘员发生二次碰撞或防止车辆发生翻滚等危险情况下使乘员被抛离座位。如果发生碰撞，充气系统可在不到十分之一秒的时间内迅速充气，气囊在膨胀时将冲出方向盘或仪表盘，从而使车内人员免受正向碰撞所产生作用力的冲击，而大约在 1s 后，气囊就会收缩（气囊上有许多小孔），因此不会妨碍车内人员的行动。

根据车型及车辆配置不同，车辆上安全气囊的安装数量不同。一般轿车至少安装 1~2

个安全气囊,气囊安装在方向盘及副驾驶前方的仪表板上。一般在装有安全气囊的位置都标有 AIRBAG(或 SRS)字样标识,如图 7-26 所示。

图 7-26 安全气囊标识

对于较高配置的豪华轿车来说,为了提高轿车的安全性能,一般都装有多个气囊,如图 7-27 所示。

(a)   (b)

图 7-27 双气囊和多气囊
(a)双气囊;(b)多气囊

工作任务1 汽车电子与电器系统结构认知的任务分析

一、工作与学习目标

(1)能识别汽车电子与电器的各个系统。
(2)能在车上准确找到汽车电子与电器各系统。

二、工作过程及学习记录

1. 列举汽车电子与电器系统认知过程中的注意事项

_____

_____

2. 填写如图 7 - 28 所示中汽车电源的组成

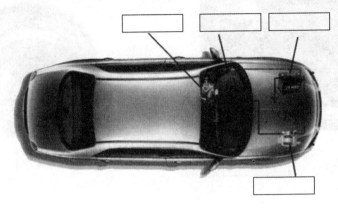

图 7 - 28 汽车电源及所在位置

3. 根据图 7 - 29 所示填空

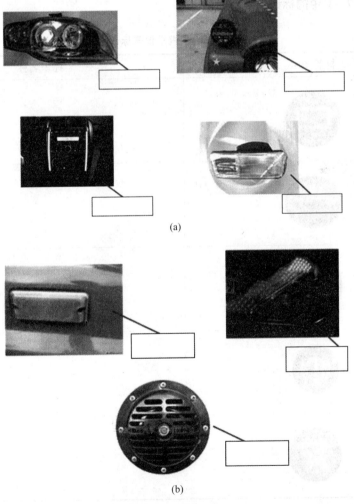

(a)

(b)

图 7 - 29 照明、信号与仪表系统

(a) 照明系统；(b) 信号系统

(c)

图 7-29 照明、信号与仪表系统（续）

(c) 仪表系统

4. 写出表 7-1 中的标识名称

表 7-1 汽车仪表标识

标签图示	标识名称
🔋	
🛢️	
🌡️	
⚠️	
💺	

续 表

标签图示	标识名称
 (CHECK 发动机图标)	
 (油枪图标)	
 (汽车图标)	
 (大灯图标)	
 (安全带图标)	

5. 汽车电子与电器系统结构认知的处理工作

_____
_____
_____。

6. 汽车电子与电器系统结构认知的实训要点

_____
_____
_____。

7. 汽车电子与电器系统结构认知的注意事项

_____
_____
_____。

三、工作效果评价

1. 自我评价

（1）通过本次学习，我学到的知识点/技能点有：_____
_____。

不理解的有：_____
_____。

（2）我认为在以下方面还需要深化学习并提升岗位能力：_____
_____。

(3) 在本次工作和学习过程中,我的表现可得到:

□😎   □🙂   □☹️

2. 互相评价

1) 综合能力测评

参阅表 7-2 中的评价内容说明。

2) 专业能力测评

(1) "汽车电子与电器结构"由评价人任意指定各部件,评价对象指出对应标识的名称,评价人填写并判断正误,给予评定。

(2) 评价结果全对得 😎,错一项得 🙂,错两项或以上得 ☹️。

表 7-2 任务评价表

项 目	评价内容							评价等级 (学生互评)
项 目	综合能力测评: 1. 请在对应条目的○内打"√"或"×",不能确定的条目不填,可以在小组评价时让本组同学讨论并写出结论。 2. 评价结果全对得 😎,错一项得 🙂,错两项或以上得 ☹️							
综合能力 测评项目 (组内互评)	○按时到场 ○工装齐备 ○书、本、笔齐全 ○安全操作 ○责任心强 ○7S 管理规范 ○学习积极主动 ○合理使用教学资源 ○主动帮助他人 ○接受工作分配 ○有效沟通 ○高效完成工作任务							
专业能力 测评项目 (组间互评)	汽车电器 各系统的 名称与位置	名称						
专业能力 测评项目 (组间互评)	汽车电器 各系统的 名称与位置	位置						
小组评语及 建议	他(她)做到了: 他(她)的不足: 给他(她)的建议:							组长签名: 年 月 日
老师评语及 建议								评价等级: 教师签名: 年 月 日

电动汽车：

电动汽车是指以车载电源为动力，用电动机驱动车轮行驶，符合道路交通及安全法规各项要求的车辆。它使用存储在电池中的电能来发动，在驱动汽车时有时使用 12 或 24 块电池，有时则需要更多。由于对环境影响相对传统汽车小，故其前景被广泛看好，但当前技术尚不成熟。

工作原理：蓄电池→电流→电力调节器→电动机→动力传动系统→驱动汽车行驶。

工作任务 2　汽车电子与电器系统结构认知的方案实施

班级：_____　姓名：_____　学号：_____　工号：_____　日期：_____　测评等级：_____

一、工作与学习目标

（1）能够根据汽车维修安全作业标准实施作业。
（2）能正确处理突发事故。
（3）能够总结安全作业要领并相互评价。

二、工作过程及学习记录

1. 根据实际工作过程填写表 7-3

表 7-3　汽车电子电器零部件

部件名称	零部件外观与工作特点描述
蓄电池	
发电机	
起动机	
灯光开关	
仪表盘	
刮水器	
安全气囊	
后视镜	

三、工作效果评价

1. 自我评价

（1）通过本次学习，我学到的知识点/技能点有：_____
_____。

不理解的有：_____。

（2）我认为在以下方面还需要深化学习并提升岗位能力：_____
_____。

（3）在本次工作和学习过程中，我的表现可得到：

　　　　　　□ 😎　　　　□ 🙂　　　　□ ☹

3. 互相评价

1）综合能力测评

参阅表 7-4 中的评价内容说明。

2）专业能力测评

（1）"汽车电子与电器系统结构"由评价人任意指定各部件，评价对象指出对应标识的名称，评价人填写并判断正误，给予评定。

（2）评价结果全对得 😎，错一项得 🙂，错两项或以上得 ☹。

表 7-4　任务评价表

项　目	评价内容	评价等级（学生互评）	
	综合能力测评： 1. 请在对应条目的○内打"√"或"×"，不能确定的条目不填，可以在小组评价时让本组同学讨论并写出结论。 2. 评价结果全对得 😎，错一项得 🙂，错两项或以上得 ☹		
综合能力测评项目（组内互评）	○按时到场　○工装齐备　○书、本、笔齐全		
	○安全操作　○责任心强　○7S 管理规范		
	○学习积极主动　○合理使用教学资源　○主动帮助他人		
	○接受工作分配　○有效沟通　○高效完成工作任务		
专业能力测评项目（组间互评）	主减速器部件		
	制动器部件		
小组评语及建议	他（她）做到了： 他（她）的不足： 给他（她）的建议：	组长签名： 　　　年　月　日	
老师评语及建议		评价等级： 教师签名： 　　　年　月　日	

工作任务3　汽车电子与电器系统结构认知完工检验

一、工作与学习目标
（1）能够认识汽车电子与电器各系统的结构。
（2）能够确认汽车电子与电器系统各部分在汽车上的位置。

检验项目	检验结果			备注
	😎	🙂	☹️	
汽车电子与电器各系统的结构				
汽车电子与电器系统各部分在汽车上的位置				

二、根据所学知识，提出汽车电子与电器系统结构认知的合理化建议，并进行展示

项目七　练习题

一、填空题

1. 汽车电器设备由_____和_____两大部分组成。
2. _____是汽车的辅助电源，_____是汽车的主要电源。
3. 发动机常用的起动方式有_____、_____和_____。
4. 起动机由_____、_____和_____组成。
5. 汽车空调可使车内_____、_____、_____和_____满足人体舒适的需要。

二、选择题

1. 易熔线的主要作用是保护（　　）。
   A. 发电机　　　　　B. 用电设备　　　　C. 线束
2. 在发动机运转时，若发电机有故障不发电，则充电指示灯（　　）。
   A. 闪光　　　　　　B. 熄灭　　　　　　C. 点亮
3. 起动机空转的原因之一是（　　）。
   A. 蓄电池亏电　　　B. 单向离合器打滑　C. 电刷过短
4. 汽车空调暖风的热源一般取自（　　）。
   A. 鼓风机内电热丝　B. 排气管中废气　　C. 发动机冷却水
5. 汽车发动机正常工作时，水温表的指针应指在（　　）。
   A. 65℃~80℃　　　　B. 75℃~90℃　　　　C. 85℃~100℃

三、判断题

1. 起动系统主要包括起动机和控制电路两部分。（　　）
2. 雾灯属于照明用的灯。（　　）
3. 永磁式刮水器电动机具有体积小、重量轻、构造简单等优点，已被广泛使用。（　　）
4. 汽车空调是根据物质状态改变时吸收或释放热量这一基本热原理工作的。（　　）
5. 燃油表指针指在"1/2"时，表示油箱无油。（　　）

四、简答题

1. 起动机由哪几个部分组成？各起什么作用？
2. 哪几种灯属于照明用的灯？哪几种灯属于信号用的灯？
3. 对汽车前照灯有何照明要求？

项目八

汽车车身结构的认知

班级：_____ 姓名：_____ 学号：_____ 工号：_____ 日期：_____ 测评等级：_____

工作任务	汽车车身结构的认知	教学模式	任务驱动和行动导向
建议学时	2学时	教学地点	一体化实训室
任务描述	现代汽车车型样式较多，车身结构多种多样，需要同学们通过车间的车身试验台和捷达车车身构架把汽车车身结构掌握清楚		
学习目标	1. 能熟知汽车车身结构的类型； 2. 能确认车身结构在汽车上的位置； 3. 能掌握车身各部分的作用； 4. 能够主动获取信息，展示学习成果，对工作过程进行总结与反思，与他人进行有效沟通，团结协作		
学习准备	1. 设备器材 每组配套：汽车车身试验台，捷达车车身构架，安全生产手册，手套，工作服，灭火器，汽修工具，汽修设备，网络资源。 2. 分七组		

小组人员岗位分配表（由组长分配）

工作岗位	时段一 ____年___月___日 ___时___分至___时___分	时段二 ____年___月___日 ___时___分至___时___分
主修人员（1人）		
辅修人员（1人）		
工具管理（1人）		
零件摆放（1人）		
安全监督（1人）		
质量检验（1人）		
7S监督（2~4人）		

认识汽车车身结构。

一、汽车车身的主要作用

汽车车身的主要作用是使驾驶员便于操纵，为驾驶员、乘客提供舒适的乘坐环境或安全地容纳货物，并保护其免受风、沙、雨、雪的侵袭及恶劣气候的影响。

二、车身的类型

汽车按结构形式不同可分为承载式车身和非承载式车身两种，一般轿车多为承载式车身，如图 8-1 所示。

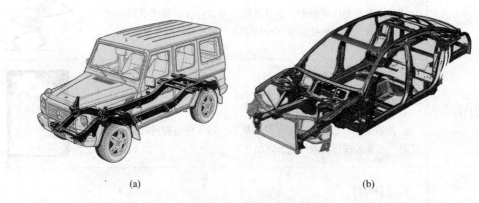

图 8-1 车身按结构形式分类
(a) 承载式车身；(b) 非承载式车身

承载式车身按车身的发动机室、乘客室、行李舱等三个功能构件来分，可分为三厢式汽车和两厢式汽车，如图 8-2 所示。

图 8-2 三厢式与两厢式汽车
(a) 三厢式汽车

(b)

图8-2 三厢式与两厢式汽车（续）

(b) 两厢式汽车

三、承载式车身的组成

承载式车身主要由车身框架和车身覆盖件两部分组成，如图8-3所示。

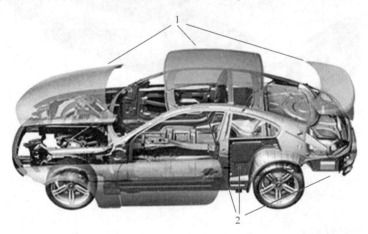

图8-3 承载式车身的组成

1—车身覆盖件；2—车身框架

1. 车身框架

车身框架主要由侧门框部件、底板部件、前围外板和后围外板等组成。侧门框部件对车辆的整体布置、安全及驾乘舒适性问题起到了重大作用，其主要由前立柱、中立柱和后立柱组成，如图8-4所示。

2. 车身覆盖件

车身覆盖件安装在车身框架上，从而使汽车成为完整的车辆。汽车车身覆盖件主要由发动机罩、顶盖、行李箱盖、前后翼子板、前后车门、地板、前围、挡泥板和前纵梁等组成，如图8-5所示。

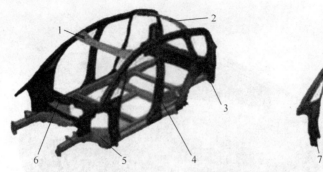

图8-4 车身框架及侧门框组成

1—前风窗上部；2—后风窗上部；3—后围外板；4—侧门框部件；5—底板部件；
6—前围外板；7—前立柱；8—中立柱；9—后立柱

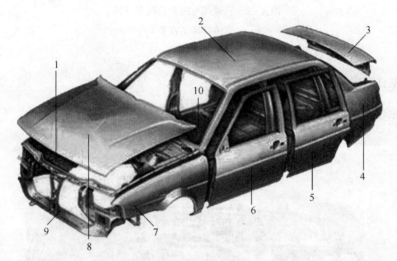

图8-5 桑塔纳轿车车身总成

1—挡泥板和前纵梁；2—顶盖；3—行李箱盖；4—后翼子板；5—后车门；
6—前车门；7—前翼子板；8—发动机罩；9—前围；10—地板

四、车身附件的认知

1. 车辆外部附件的认知

1）汽车的前、后风窗

汽车的前、后风窗通常采用有利于视野而又美观的曲面玻璃。汽车的前、后风窗又称风挡玻璃，如图8-6所示。

2）汽车的侧窗和天窗

汽车侧窗作为侧围的重要组成部分是整车必不可少的总成之一，它与提高乘客舒适性、扩大乘客视野、增加车内透明度及加强车内自然通风等密不可分，如图8-7所示。

汽车天窗安装于车顶，能够有效地使车内空气流通，增加新鲜空气的进入，为车主带来健康、舒适的环境；同时汽车天窗也可以开阔视野，并常用于移动摄影摄像的拍摄需求，如图8-7所示。

图 8-6 前风窗和后风窗
(a) 前风窗；(b) 后风窗

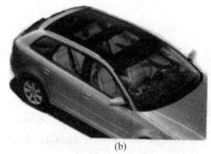

图 8-7 侧窗和天窗
(a) 侧窗；(b) 天窗

3) 后视镜

汽车后视镜位于汽车头部的左右两侧以及汽车内部的前方。汽车后视镜反映汽车后方、侧方和下方的情况，使驾驶者可以间接地看清这些位置的情况，其起着"第二只眼睛"的作用，扩大了驾驶者的视野范围，如图 8-8 所示。

图 8-8 后视镜

2. 车辆内部附件的认知

车身内部附件设备有座椅、仪表台总成、中央后视镜、安全带、遮阳板、烟灰缸及点烟器等，如图8-9所示。

图8-9　车内附件的组成
1—仪表台总成；2—座椅

座椅也是车身内部重要装置之一。座椅的作用是支撑人体，使驾驶员操作方便、乘坐舒适。座椅主要由靠背、座垫、头枕、调整按钮或手柄和滑动轨道等部分组成，如图8-10所示。

仪表台总成是汽车空调、收音机、中央控制面板、仪表、点烟器及烟灰缸等装置的载体，这些部件都被安装固定在仪表台总成上，如图8-10所示。

(a)　　　　　　　　　　　　　　　　(b)

图8-10　座椅和仪表台总成
(a) 座椅的组成；(b) 仪表台总成
1—头枕；2—靠背；3—坐垫；4—滑道

中央后视镜的主要作用是帮助驾驶员查看车辆后方道路情况及有无车辆等，如图8-11所示。

汽车安全带是车辆被动安全的主要部件，即在汽车车身受到猛烈撞击时，起到固定乘客及驾驶员的作用，并可消除速度急剧下降时产生的惯性力，如图8-11所示。

 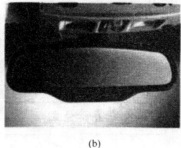 

(a) (b) (c)

图 8-11 安全带、中央后视镜和遮阳板
(a) 安全带；(b) 中央后视镜；(c) 遮阳板

工作任务 1　汽车车身结构认知的任务分析

一、工作与学习目标

(1) 能确认汽车车身作用和类别。
(2) 能识别汽车车身结构及在汽车上的位置。

二、工作过程及学习记录

1. 列举汽车车身结构认知的注意事项

_____
_____
_____
_____。

2. 填写出如图 8-12 所示中承载式车身的各部分结构名称

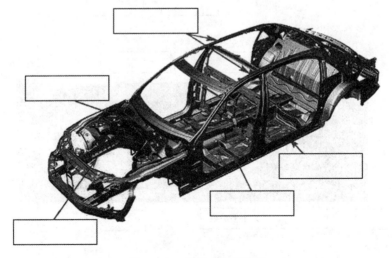

图 8-12　承载式车身结构

3. 按车身的功能性构件填图 8－13

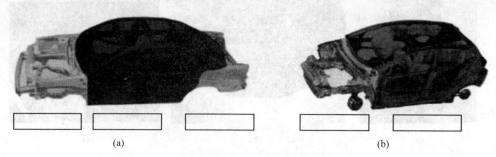

(a)　　　　　　　　　　　　　　(b)

图 8－13　三厢式和两厢式车身
(a) 三厢式车身；(b) 两厢式车身

4. 根据驾驶室与仪表板的组成填图 8－14

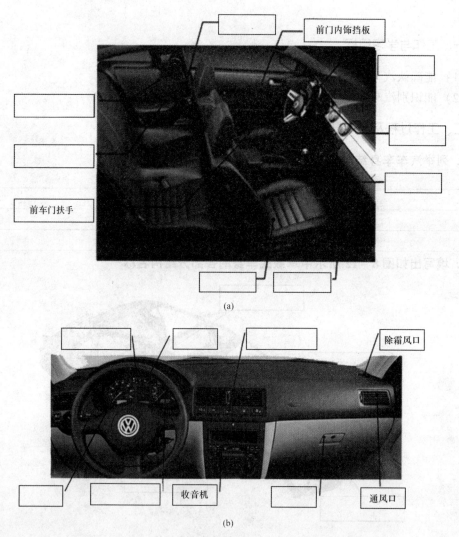

(a)

(b)

图 8－14　驾驶室和仪表板的组成

5. 写出表 8-1 中车身名称的英文翻译

表 8-1　车身的中、英文名称

中文	英文
车身	
承载式车身	
非承载式车身	
两厢式车身	
三厢式车身	

6. 汽车车身结构认知的处理工作

  _____
  _____
  _____。

7. 汽车车身结构认知的实训要点

  _____
  _____
  _____。

8. 汽车车身结构认知的注意事项

  _____
  _____
  _____。

三、工作效果评价

1. 自我评价

（1）通过本次学习，我学到的知识点/技能点有：_____
_____。

不理解的有：_____
_____。

（2）我认为在以下方面还需要深化学习并提升岗位能力：_____
_____。

（3）在本次工作和学习过程中，我的表现可得到：

　　　□ 😎　　　□ 😊　　　□ 😎

2. 互相评价

1）综合能力测评

参阅表 8-2 中的评价内容说明。

2）专业能力测评

(1)"车身结构"由评价人任意指定各部件，评价对象指出对应标识的名称，评价人填写并判断正误，给予评定。

(2) 评价结果全对得 😎，错一项得 🙂，错两项或以上得 ☹。

表 8-2 任务评价表

项 目	评价内容	评价等级 （学生互评）		
	综合能力测评： 1. 请在对应条目的○内打"√"或"×"，不能确定的条目不填，可以在小组评价时让本组同学讨论并写出结论。 2. 评价结果全对得 😎，错一项得 🙂，错两项或以上得 ☹			
综合能力 测评项目 （组内互评）	○按时到场　○工装齐备　○书、本、笔齐全 ○安全操作　○责任心强　○7S 管理规范 ○学习积极主动　○合理使用教学资源　○主动帮助他人 ○接受工作分配　○有效沟通　○高效完成工作任务			
专业能力 测评项目 （组间互评）	车身附件的名称与作用	名称		
		作用		
小组评语及 建议	他（她）做到了： 他（她）的不足： 给他（她）的建议：	组长签名： 　　　　　年　月　日		
老师评语及 建议		评价等级： 教师签名： 　　　　　年　月　日		

工作任务 2　汽车车身结构认知的方案实施

班级：_____　姓名：_____　学号：_____　工号：_____　日期：_____　测评等级：_____

一、工作与学习目标

（1）能够根据汽车维修安全作业标准实施作业。
（2）能够正确处理突发事故。
（3）能够总结安全作业要领并相互评价。

二、工作过程及学习记录

1. 填写如图 8 – 15 所示中车身附件的各部分名称

图 8 – 15　车身附件名称

三、工作效果评价

1. 自我评价

（1）通过本次学习，我学到的知识点/技能点有：_____
_____。
不理解的有：_____。
（2）我认为在以下方面还需要深化学习并提升岗位能力：_____
_____。

（3）在本次工作和学习过程中，我的表现可得到：

2. 互相评价

1）综合能力测评
参阅表 8 – 3 中的评价内容说明。

2）专业能力测评

（1）"车身结构"由评价人任意指定各部件，评价对象指出对应标识的名称，评价人填写并判断正误，给予评定。

（2）评价结果全对得😎，错一项得🙂，错两项或以上得☹。

表8-3 任务评价表

项目	评价内容	评价等级（学生互评）
项目	综合能力测评： 1. 请在对应条目的○内打"√"或"×"，不能确定的条目不填，可以在小组评价时让本组同学讨论并写出结论。 2. 评价结果全对得😎，错一项得🙂，错两项或以上得☹	
综合能力测评项目（组内互评）	○按时到场　○工装齐备　○书、本、笔齐全 ○安全操作　○责任心强　○7S管理规范 ○学习积极主动　○合理使用教学资源　○主动帮助他人 ○接受工作分配　○有效沟通　○高效完成工作任务	
专业能力测评项目（组间互评）	承载或车身	
	车身附件	
小组评语及建议	他（她）做到了： 他（她）的不足： 给他（她）的建议：	组长签名： 年　月　日
老师评语及建议		评价等级： 教师签名： 年　月　日

车门开度限位器的作用。

车门开度限位器的作用是限制车门打开的程度。一方面它可以限制车门的最大开度，防止车门开得过大；另一方面它可在需要时使车门保持开启，如汽车停在坡道上或刮一般的风时，车门也不会自动关上。车门开度限位器一般有两挡或者三挡。

工作任务3 汽车车身结构的认知完工检验

一、工作与学习目标
(1) 能够对汽车车身作用和类别进行检验。
(2) 能够确认汽车车身结构及对其在汽车上的位置提出合理化建议。

检验项目	检验结果			备注
	😎	🙂	☹	
汽车车身作用和类别				
确认汽车车身结构及在汽车上的位置				

二、根据所学知识，提出汽车车身结构认知的合理化建议，并进行展示

项目八 练习题

一、填空题

1. 汽车按结构形式不同可分为_____式车身和_____式车身两种，一般轿车多为_____式车身。
2. 承载式车身主要由_____和_____两部分组成。
3. 侧门框部件主要由_____、_____和_____组成。
4. 汽车后视镜位于汽车头部的_____以及汽车_____。
5. 车身内部附件设备有座椅、_____、_____、安全带、_____、_____及点烟器等。

二、选择题

1. （　　）是车身外覆盖件。
   A. 前纵梁　　　　　　B. 后侧围板　　　　　C. 散热器支架
2. 汽车前纵梁与（　　）焊接在一起。
   A. 挡泥板　　　　　　B. 前保险杠　　　　　C. 翼子板
3. 下面属于车身结构件的是（　　）。
   A. 翼子板　　　　　　B. 后侧围板　　　　　C. 门槛板
4. 客车、轿车和多数专用车的车身总成质量占整车质量的（　　）。
   A. 30%～50%　　　　 B. 40%～60%　　　　 C. 50%～70%
5. 发动机纵向放置在前车身的（　　）。
   A. 横梁　　　　　　　B. 后纵梁　　　　　　C 中间梁

三、判断题

1. 汽车的三大总成是底盘、发动机和车身。（　　）
2. 车身结构主要分为车架式和整体式两种。（　　）
3. 汽车天窗的作用是只能够有效地使车内空气流通。（　　）
4. 座椅的作用是支撑人体，使驾驶操作方便和乘坐舒适。（　　）
5. 汽车安全带是保证车辆安全的主要部件。（　　）

四、简答题

1. 简述车身的作用。
2. 简述承载式车身的特点。
3. 车身结构主要包括哪些部件？

参考文献

[1] 陈家瑞. 汽车构造 [M]. 北京：机械工业出版社，2004.
[2] 李穗平. 汽车结构认知与拆装 [M]. 重庆：重庆大学出版社，2012.
[3] 杜瑞丰. 汽车底盘构造与维修 [M]. 北京：高等教育出版社，2007.
[4] 杨秀虹. 现代轿车构造与检测——底盘及车身 [M]. 北京：国防工业出版社，2002.
[5] 许林. 整车结构图解与使用维修 [M]. 北京：兵器工业出版社，1998.
[6] 朱军. 汽车维护理实一体化 [M]. 北京：人民交通出版社，2011.
[7] 关文达. 汽车构造 [M]. 第2版. 北京：清华大学出版社，2009.
[8] 白红村. 汽车底盘构造与维修 [M]. 北京：北京大学出版社，2011.

参考文献

[1] 阎绍泽. 机械原理[M]. 北京: 清华大学出版社, 2008.
[2] 申永王. 大学生机械创新设计[M]. 武汉: 华中科技大学出版社, 2012.
[3] 张春林. 机械创新设计[M]. 北京: 机械工业出版社, 2007.
[4] 邹慧君. 机械运动方案设计——构思·选型与组合[M]. 北京: 高等教育出版社, 2003.
[5] 叶仲和. 机械原理与机械设计[M]. 北京: 机械工业出版社, 1998.
[6] 朱双霞. 机械创新设计方法[M]. 北京: 人民交通出版社, 2010.
[7] 天之聪. 机械创新[M]. 哈尔滨: 哈尔滨工业大学出版社, 2009.
[8] 邓宗全. 机械原理创新性试验教程[M]. 哈尔滨: 哈尔滨工业大学出版社, 2011.